Lernkrimi Französisch

L'Île de la mort

Dr. Marc Blancher
Virginie Pironin

circon

Baierbrunner Straße 27, 81379 München
Ausgabe 2023
4. Auflage

Redaktion: Sarah Portner
Fachkorrektur: Mireille Schauwecker
Produktion: Ute Hausleiter
Titelillustration: Karl Knospe
Lernkrimi-Logo: Carsten Abelbeck
Gestaltung: EKH Werbeagentur GbR, textum GmbH
Umschlaggestaltung: red.sign GbR, Stuttgart

ISBN 978-3-8174-2130-5
381742130/4

Besuchen Sie uns auf Instagram und Facebook: circonverlag
www.circonverlag.de

Vorwort

Liebe Leserin, lieber Leser,

sicher zum Lernerfolg – mit Spaß und Spannung! Die Compact Lernkrimis mit ihrer Kombination aus Lektüre und didaktischem Übungsanteil eignen sich hervorragend, um breite Sprachkompetenzen in der Fremdsprache zu erwerben. Der Lerner wird dabei durch die spannende Handlung, das angemessene Sprachniveau und den stetig ansteigenden Schwierigkeitsgrad der Übungen gefördert und motiviert.
Entwickelt nach neuesten Erkenntnissen der Fremdsprachendidaktik sind Compact Lernkrimis das ideale Medium für einen Lernerfolg im Selbststudium. Durch die kleinen Texteinheiten und den hohen Übungsanteil sind sie aber auch als Unterrichtslektüre bestens geeignet.

So lernen Sie mit Compact Lernkrimis:

- **Mit Begeisterung lernen:** Die packende Krimihandlung motiviert Sie beim Lesen des französischen Originaltextes.
- **Wissen intensivieren und erweitern:** Durch die Kombination aus didaktisch aufbereiteter Lektüre und textbezogenen Übungen testen und trainieren Sie Ihre Sprachkenntnisse effektiv. Vokabelangaben auf jeder Seite unterstützen Sie beim Lesen.
- **Systematisch lernen:** Knüpfen Sie an Ihr individuelles Sprachniveau an und setzen Sie eigene Lernziele.
- **Unabhängig sein:** Lernen Sie ganz individuell – wo und wann Sie wollen.

Viel Spaß beim **spannenden Erlernen der französischen Sprache** wünscht Ihnen

Prof. Dr. Christiane Neveling
Didaktik der romanischen Sprachen, Universität Leipzig

Inhalt

L'Île de la mort

Virginie Pironin

1 La chasse au trésor

Aujourd'hui, samedi 29 octobre, il fait froid. Dans le parc derrière la cathédrale Notre Dame[i], les arbres commencent déjà à **perdre** leurs feuilles. Il est tôt, seulement sept heures. Il fait encore un peu nuit. Un homme marche dans le parc. C'est le père de Martin. Aujourd'hui, c'est l'anniversaire de son fils. Il a 10 ans. Ses parents organisent pour lui une grande chasse au trésor. Ils ont fabriqué une carte au trésor et son père finit de préparer la chasse au trésor. Il met des **indices** pour les enfants sur les arbres et sous les bancs. Il a presque fini. Il manque juste le trésor. Le trésor est dans une **boîte en fer**. Le père de Martin doit faire un **trou** sous le plus gros arbre du parc. Puis il doit mettre la boîte dans le trou et le refermer avec de la **terre**.

chasse *f* **au trésor**	Schatzsuche
perdre *irr*	verlieren
indice *m*	Indiz
boîte *f* **en fer**	Metalldose
trou *m*	Loch
terre *f*	Erde
sur le dos	auf dem Rücken
croiser	kreuzen

Die Kathedrale **Notre Dame de Paris** wurde zwischen dem 12. und 14. Jahrhundert erbaut. Das Bauwerk im gotischen Stil steht im Osten der Île de la Cité, einer Insel auf der Seine, die durch neun Brücken mit dem Rest der Stadt verbunden ist. Im April 2019 erlitt die Kathedrale starke Schäden durch einen Großbrand.

Il arrive près du gros arbre. Quelqu'un est couché sous l'arbre. Le père de Martin est surpris. Pourquoi quelqu'un est-il couché là, dehors ? Il s'approche. C'est une jeune fille. Elle est **sur le dos** et ses mains sont **croisées** sur son **ventre**. Elle a une **robe** blanche d'été – et cela en automne !

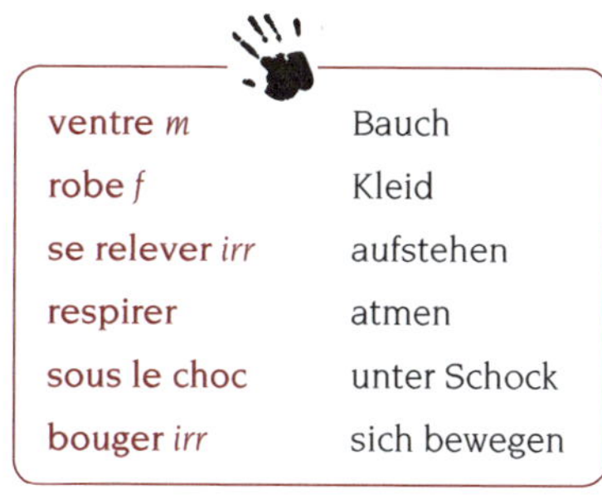

ventre *m*	Bauch
robe *f*	Kleid
se relever *irr*	aufstehen
respirer	atmen
sous le choc	unter Schock
bouger *irr*	sich bewegen

« Elle doit avoir froid », pense le père de Martin.

Il s'approche encore. La jeune fille a une rose blanche dans les mains.

« Elle dort », pense le père de Martin.

Il veut la réveiller mais il **se relève** d'un coup ! La jeune fille ne dort pas. Elle ne **respire** pas. Son corps est tout froid.

« Elle est morte », dit le père de Martin à haute voix.

Il est **sous le choc**. Pendant quelques secondes, il ne **bouge** pas. Puis, il prend vite son téléphone et appelle la police.

Exercice 1 : Les prépositions de lieu. Setzen Sie die richtige Ortspräposition ein!

sous dans entre derrière

1. Un homme marche ________________ le parc.

2. L'homme cache des indices ______________ les bancs.

3. Le parc est ______________ la Cathédrale Notre Dame.

4. ________________ les arbres, il y a un chemin.

suicide *m*	Selbstmord
empreinte *f* digitale	Fingerabdruck
médecin *m* légiste	Gerichtsmediziner
gant *m* en caoutchouc	Gummihandschuh
environ	ungefähr
calculer	rechnen
blessure *f*	Verletzung
signes *m pl* de lutte	Kampfspuren
cause *f* naturelle	natürliche Ursache

Valérie Coignard et Romain Bourgine arrivent rapidement dans le parc. Ils sont inspecteurs de police à Paris. Ils regardent la victime quelques minutes.
« Ça ressemble à un **suicide**, dit Romain. Tu vois une lettre d'adieu ?
– Non », répond Valérie.
Elle regarde la victime.
« Et la victime n'a pas de carte d'identité. Nous devons prendre ses **empreintes digitales** pour trouver son nom. »
À ce moment-là, le **médecin légiste** arrive.
« Bonjour, bonjour ! » dit-il à Valérie et Romain.
Puis il commence son travail : il met des **gants en caoutchouc**, cherche un thermomètre dans son sac et prend la température de la victime.
« D'après la température du corps, la victime est morte il y a **environ** douze heures.
– Hier soir vers vingt heures, **calcule** Romain.
– Je ne vois pas de **blessures**, dit le médecin légiste. Il n'y a pas de sang et pas de **signes de lutte**. »
Cela confirme que la victime s'est peut-être suicidée ou qu'elle est morte de **cause naturelle**. Romain marche dans le parc. Il regarde s'il trouve des indices et il prend des photos. Pendant ce temps, Valérie pose quelques questions au père du petit Martin. Mais il ne sait rien de plus.

Environ une heure plus tard, Valérie et Romain sont de retour au **commissariat**. Ils doivent trouver le nom de la victime. Après, ils doivent parler à sa famille. Avec les empreintes digitales de la victime, Valérie cherche dans l'**ordinateur**. Romain lui apporte une tasse de café.

« La victime **a l'air** très jeune, dit Romain.

– Oui, c'est vrai. »

Ils boivent leur café sans rien dire. Soudain, l'ordinateur **bipe**.

« Voilà le nom de la victime, dit Valérie. Elle s'appelle Clara Régnat. Elle a seulement dix-sept ans. Presque dix-huit. »

commissariat *m*	Kommissariat, Revier
ordinateur *m*	Computer
avoir *irr* **l'air**	aussehen
biper	einen Piepton machen
calmant *m*	Beruhigungsmittel
cause *f* **de la mort**	Todesursache
se suicider	sich umbringen
douleur *f*	Schmerz

Elle cherche l'adresse de monsieur et madame Régnat. Pendant ce temps, Romain va voir le médecin légiste.

« J'ai trouvé beaucoup de **calmants** dans le sang de la victime, dit-il. C'est la **cause de la mort**.

– Vous pensez que la victime **s'est suicidée**[i] ? demande Romain.

– C'est possible. Les femmes qui se suicident prennent souvent des calmants. Elles s'endorment et ne se réveillent plus. C'est sans **douleur**.

Das Passé composé wird wie im Deutschen aus zwei Wörtern gebildet: dem Hilfsverb „avoir" im Präsens und dem Partizip II. Vorsicht, die Reflexivverben sowie die Verben *aller, arriver, descendre, devenir, entrer, monter, mourir, naître, partir, rester, tomber und venir* werden mit „être" konjugiert. Bei diesen Verben wird das Partizip in Genus und Numerus an das Subjekt angeglichen.

Exercice 2 : Vrai ou faux ? Welche Aussagen sind korrekt? Markieren Sie mit richtig ✔ oder falsch – !

1. Valérie Coignard est inspectrice de police. ☐
2. Valérie et Romain trouvent la carte d'identité de la victime. ☐
3. La victime est morte aujourd'hui. ☐
4. Les inspecteurs pensent que c'est un meurtre. ☐
5. La victime est très jeune. ☐

À midi, Angélique et Romain sonnent chez les parents de Clara Régnat, Simon et Angélique. Valérie se présente et demande s'ils peuvent entrer. Simon Régnat montre le canapé et ils s'assoient. Angélique Régnat est **inquiète**. Pourquoi la police est ici ? Valérie explique la situation :

« Un homme a trouvé Clara dans un parc très tôt ce matin. Le médecin légiste a trouvé beaucoup de calmants dans son sang. Elle est morte hier soir, vers vingt heures. Je suis désolée. »

Les parents de Clara sont sous le choc. Sa mère, Angélique, **pousse un cri**.

« Ce n'est pas[i] possible, dit-elle. Pas Clara. Ce n'est pas possible ! »

> Die Verneinung im Französischen wird aus den zwei kleinen Wörtern *ne* und *pas* gebildet. Sie umschließen das konjugierte Verb: *Clara* ne *dort* pas. Bei Verben, die mit einem Vokal oder einem stummen *h* beginnen wird *ne* zu *n'*: *Ce* n'*est* pas *possible.*

Simon Régnat pose son bras sur les **épaules** de sa femme. Il ne dit rien. Angélique pleure encore et dit « Ce n'est pas possible, ce n'est pas possible. »

Romain et Valérie posent des questions à monsieur et madame Régnat, mais ils ne peuvent pas répondre.

épaule *f*	Schulter
déranger *irr*	stören

Dans la voiture de Valérie, Romain demande :

« Qu'est-ce que tu penses de cette affaire ?

– Tous les indices montrent que c'est un suicide. Mais nous n'avons pas trouvé la boîte de calmants.

– Peut-être que la victime a pris les calmants chez elle. Après, elle est venue dans le parc. Les Régnat habitent à cinq minutes du parc.

– Ok. Allons de nouveau voir l'appartement des Régnat. »

Valérie et Romain sonnent à la porte des Régnat. Simon ouvre la porte.

« Monsieur Régnat, je suis désolée de vous **déranger** encore une fois. Nous devons voir votre appartement.

– Mais, pourquoi ? demande Simon Régnat.

– Nous cherchons les calmants que Clara a pris.

– Oh ! Bien sûr », dit Simon.

Il montre la chambre de Clara à Valérie et Romain. La chambre est petite. Les murs sont roses et il y a des posters au-dessus du lit. Valérie regarde dans les tiroirs, Romain regarde sous le lit et sur le bureau. Ils ne trouvent rien. Valérie va voir dans la cuisine, Romain dans la salle de bain.

vide	leer
poubelle *f*	Mülleimer
rapport *m*	Bericht
avoir *irr* des projets	Pläne haben
avoir *irr* l'habitude de faire qc	gewohnt sein, etw. zu tun

Quelques minutes plus tard, Romain entre dans la cuisine.

« J'ai trouvé quelque chose ! » dit-il à Valérie.

Il montre à Valérie une boîte de calmants, **vide**.

« La boîte était dans la **poubelle**. »

Valérie et Romain regardent encore : peut-être qu'il y a d'autres indices ici, une lettre d'adieu par exemple. Mais ils ne trouvent rien. Ils retournent au commissariat.

Romain apporte la boîte au laboratoire d'analyse. Il faut être sûr que ce sont les calmants que Clara a pris.

Pendant ce temps, Valérie est dans son bureau. Elle écrit son **rapport**. Soudain, quelqu'un frappe à la porte.

« Bonjour. Vous êtes madame Coignard ?

– Oui, c'est moi, dit Valérie.

– Excusez-moi, je m'appelle Aurélien Dupin. Je suis le meilleur ami de Clara. Je dois vous parler.

– Oh, très bien. Asseyez-vous. »

Valérie montre une chaise à Aurélien. C'est un jeune homme d'environ dix-huit ans.

« Je vous écoute, dit Valérie.

– Je sais que Clara est morte. Ses parents me l'ont dit. Ils ont dit aussi que c'est un suicide.

– Oui, c'est ce que nous pensons.

– Ce n'est pas possible ! dit Aurélien. Clara était très heureuse ! Elle **avait** beaucoup **de projets** ! »

Valérie écoute Aurélien mais elle ne dit rien. Elle a l'habitude. Les amis et la famille des victimes ne veulent jamais croire à un suicide.

« Quelqu'un suivait Clara, dit Aurélien. Depuis le mois de septembre, il était toujours là : à l'université, près de chez elle.

– Tu connais cet homme ? demande Valérie.

– Non, je ne le connais pas. Mais je peux le décrire.

– Très bien. J'appelle le dessinateur, il va faire un portrait-robot de l'homme. D'accord ? Tous les détails sont importants : couleur des cheveux, forme du visage, etc. »

Valérie appelle le dessinateur. Il arrive après cinq minutes.

Romain entre à nouveau dans le bureau de Valérie.

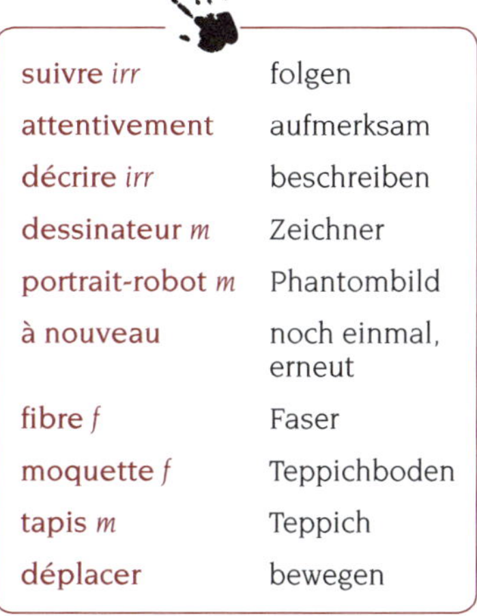

suivre *irr*	folgen
attentivement	aufmerksam
décrire *irr*	beschreiben
dessinateur *m*	Zeichner
portrait-robot *m*	Phantombild
à nouveau	noch einmal, erneut
fibre *f*	Faser
moquette *f*	Teppichboden
tapis *m*	Teppich
déplacer	bewegen

« Il y a du nouveau ! dit Valérie. Je pense que ce n'est peut-être pas un suicide ! »

Elle explique à Romain sa conversation avec Aurélien.

« Nous devons trouver cet homme ! dit-elle.

– Oui, tu as raison. Moi aussi, j'ai de nouvelles informations. C'est sûr, Clara Régnat ne s'est pas suicidée.

– Je t'écoute.

– Je reviens du laboratoire d'analyses. Il y avait des fibres sur la robe de la victime. Ce sont des fibres de moquette. Cela montre que la victime était couchée sur un tapis. Quelqu'un a déplacé le corps ! »

L'inconnu

Le portrait-robot de l'inconnu est fini. Tous les policiers ont une copie. C'est la priorité : il faut trouver l'homme qui suivait Clara Régnat.

Valérie est à l'université avec Aurélien Dupin. Aurélien montre à Valérie le campus et les endroits où il a vu l'homme. C'est dimanche, alors il n'y a personne sur le campus. Romain est au laboratoire scientifique. Hier, il a pris les empreintes de pas autour de la victime. Maintenant, l'expert lui montre le résultat des analyses.

inconnu *m*	Unbekannter
empreinte *f* de pas	Fußabdruck
résultat *m*	Ergebnis
chaussure *f*	Schuh
pointure *f*	Schuhgröße
tout autour	ringsherum

« Il y a plusieurs empreintes de pas », dit l'expert.

Il montre la photo d'une empreinte.

« Cette empreinte est la plus intéressante. C'est l'empreinte de chaussure d'un homme. Pointure 45. Elle est intéressante parce qu'on la voit beaucoup : quinze fois ! Et aussi parce qu'elle est tout autour de la victime. Ça se voit sur les photos.

Zusammengezogene Artikel: Im Französischen benutzt man oft die Präpositionen *à* und *de*. Wenn sie vor einem maskulinen oder im Plural stehenden Substantiv stehen, werden die Präposition und der Artikel zusammengezogen: *à + le = au; à + les = aux; de + le = du; de + les = des.*

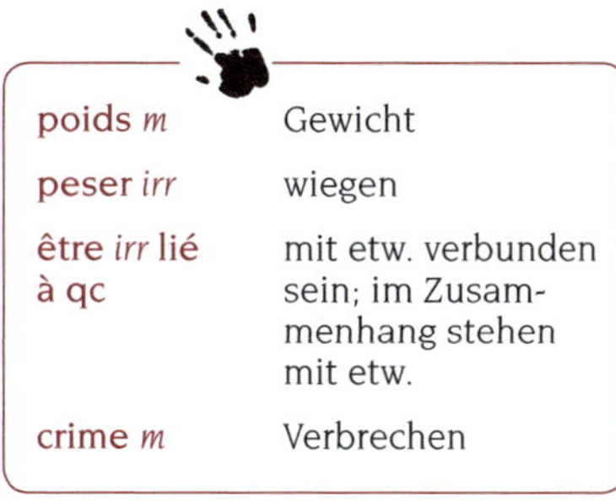

poids *m*	Gewicht
peser *irr*	wiegen
être *irr* lié à qc	mit etw. verbunden sein; im Zusammenhang stehen mit etw.
crime *m*	Verbrechen

– Est-ce que tu connais la marque des chaussures ?
– Oui. Ce sont des Dr. Martens. Je connais aussi le poids de l'homme.
– Son poids ? demande Romain.
– Oui. Avec la technologie, on sait beaucoup de choses ! L'homme pèse entre 80 et 85 kilos.
– Et les autres empreintes de pas ? »
L'expert montre deux photos.
« Ces deux empreintes sont aussi intéressantes. Une chaussure d'homme, pointure 42 et une chaussure de femme, pointure 39. »
L'expert pense que ces deux empreintes ne sont pas liées au crime. Mais il n'est pas sûr.
« Merci beaucoup ! » dit Romain.
Quand Romain arrive devant son bureau, un policier l'appelle.
« Monsieur Bourgine !
– Oui ?
– Nous avons trouvé l'homme du portrait-robot.
– Où est-il ?
– Il est dans la salle quatre », dit le policier.
Il montre la salle quatre avec son doigt. Romain demande le nom de l'homme.
« Il s'appelle Axel Régnat. »
Romain est très surpris ! Régnat, c'est le nom de famille de la victime. Est-ce que l'homme est de sa famille ?

« Où est-ce que vous l'avez arrêté ?
– À côté de l'appartement de la famille Régnat.
– Merci. »

Exercice 3 : Les articles contractés. Füllen Sie die Lücken mit den zusammengezogenen Artikeln!

à l' des au du

1. Les policiers travaillent ______________ commissariat.
2. Valérie va ______________ université.
3. Quel est le nom de famille ______________ suspect ?
4. La pointure ______________ chaussures est 45.

À ce moment, le téléphone de Romain sonne. C'est Valérie.
« J'ai les adresses et les numéros de téléphone des amis de Clara, dit Valérie. Nous pouvons les appeler cet après-midi. Et demain, nous poserons[i] des questions à ses professeurs.
– Super, répond Romain. J'ai aussi du nouveau. L'homme du portrait-robot est ici.
– Oh ! Très bien. J'arrive dans cinq minutes ! Je suis déjà sur la route. »
Cinq minutes après, Valérie est là. Elle et Romain vont dans la salle quatre.

Das Futur wird aus der Grundform des Verbs gebildet. An die Grundform werden die Endungen *-ai, -as, -a, -ons, -ez, -ont* hingefügt. Beispiel: Valérie téléphoner*a* aux amis de Clara.

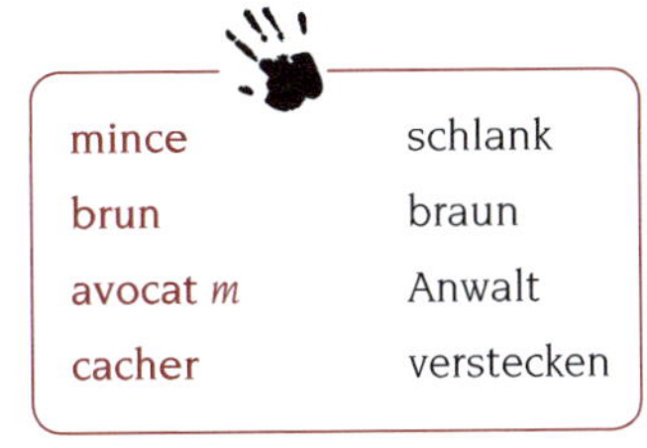

mince	schlank
brun	braun
avocat *m*	Anwalt
cacher	verstecken

Un homme est assis sur une chaise. Il est grand et **mince**. Ses cheveux sont **bruns** et courts. Ses yeux sont bleus. Il est en colère. Quand Valérie et Romain entrent dans la salle, il se lève.

« Qu'est-ce que je fais ici ? demande-t-il.

– Asseyez-vous, monsieur Régnat », dit Romain.

L'homme s'assoit mais il demande encore :

« Qu'est-ce que je fais ici ? »

Valérie ne répond pas à sa question.

« Vous vous appelez Axel Régnat, c'est ça ? demande-t-elle.

– Oui.

– Êtes-vous de la famille de Simon et Angélique Régnat ?

– Je suis le frère de Simon. Est-ce que je dois appeler un **avocat** ?

– Comme vous voulez. Avez-vous quelque chose à **cacher** ? demande Romain.

– Non ! Bien sûr que non, je n'ai rien à cacher ! »

Valérie et Romain attendent. Axel Régnat dit :

« Je ne veux pas d'avocat.

– Très bien, répond Valérie. Nous avons juste quelques questions. »

Valérie s'assoit en face d'Axel.

« Où étiez-vous vendredi soir entre dix-neuf et vingt-et-une heures ? demande-t-elle.

– Chez moi.

– Que faisiez-vous ?

– J'ai regardé la télévision.
– Seul ?
– Oui, seul. J'habite tout seul.
– Pouvez-vous **prouver** que vous étiez chez vous ?

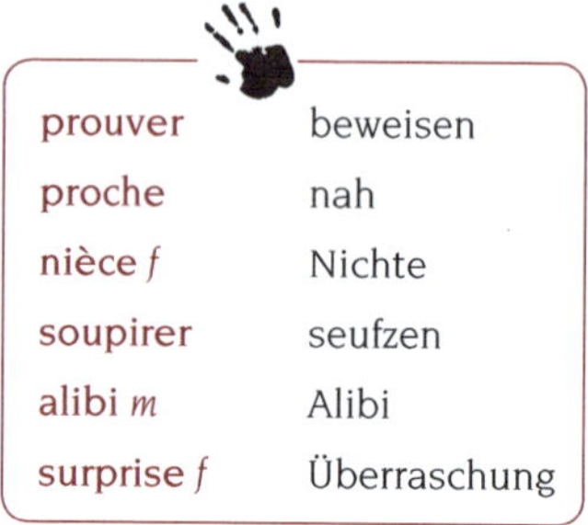

prouver	beweisen
proche	nah
nièce *f*	Nichte
soupirer	seufzen
alibi *m*	Alibi
surprise *f*	Überraschung

– J'étais seul chez moi et j'ai regardé les informations puis le film de vingt heures cinquante[i]. C'est tout.
– Êtes-vous **proche** de votre **nièce** ?
– Ma nièce ?
– Votre nièce, Clara Régnat. La fille de Simon et Angélique. »
Axel **soupire**. Il ne répond pas. Valérie et Romain se regardent et Valérie pose encore une fois la question. Mais Axel ne dit toujours rien.

Valérie et Romain sortent de la salle quatre. Ils discutent dans le couloir.
« Axel Régnat n'a pas d'**alibi**, dit Valérie.
– Et il ne veut pas parler de Clara. C'est bizarre.
– Oui, c'est très bizarre.
– Est-ce que tu as vu ses chaussures ? demande Romain.
– Non. Pourquoi ?
– Ce sont des Dr. Martens ! Et il a de grands pieds. Je suis sûr qu'il porte du 45 ! »

> **i** Während im deutschen Fernsehen der Hauptfilm um 20:15 Uhr anfängt, läuft er in Frankreich erst um 20:50 Uhr. In Frankreich kommen viele Menschen abends später nach Hause, wodurch sich übrigens auch das Abendessen nach hinten verschiebt.

Exercice 4 : La famille. **Finden Sie die französische Übersetzung der unten stehenden Begriffe im Gitternetz!**

K	O	L	H	I	P	G	T	S
F	P	È	R	E	A	U	T	M
I	L	O	T	A	N	T	E	È
F	V	B	H	J	I	U	S	R
R	C	A	S	L	È	P	M	E
È	E	S	O	A	C	S	V	M
R	R	N	E	V	E	U	U	F
E	R	T	U	A	S	T	M	S
P	C	D	R	O	N	C	L	E

1. Mutter ____________

2. Vater ____________

3. Schwester ____________

4. Bruder ____________

5. Nichte ____________

6. Neffe ____________

7. Onkel ____________

8. Tante ____________

Valérie regarde Romain avec surprise. Elle ne comprend pas.

« Oh, c'est vrai, je n'ai pas eu le temps de te dire ! dit Romain. L'expert a analysé les empreintes de pas près de la victime. Les empreintes les plus intéressantes sont des empreintes de Dr. Martens, pointure 45 ! »

Valérie comprend tout de suite.
« Encore quelque chose contre Axel Régnat. »
Avant de retourner dans la salle quatre, Valérie et Romain vont boire un café à la cafétéria. Romain raconte ce que l'expert a dit et Valérie raconte ce qu'Aurélien Dupin a dit.

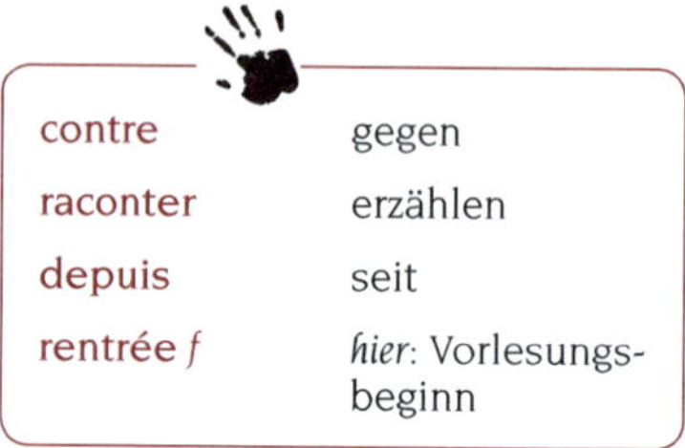

contre	gegen
raconter	erzählen
depuis	seit
rentrée *f*	*hier*: Vorlesungsbeginn

« Axel Régnat suivait Clara depuis environ deux mois. Depuis la rentrée. Mais Aurélien est sûr que Clara ne connaissait pas l'homme. C'est bizarre. Si Axel Régnat est l'homme qui la suivait, elle devait le connaître.
– C'est vrai. Est-ce que l'homme a parlé à Clara ?
– Aurélien pense que oui. La semaine dernière, l'homme n'était plus là. Et quand Aurélien a parlé de l'homme avec Clara, elle n'a pas voulu répondre. Mais il ne sait pas ce qui s'est passé.
– Ok. Retournons voir Axel Régnat. »

Valérie et Romain sont de nouveau dans la salle quatre. L'homme a l'air triste maintenant. Valérie demande encore une fois :
« Est-ce que vous êtes proche de votre nièce, Clara Régnat ? »
Les minutes passent. Axel ne dit rien. Finalement, il regarde Valérie et Romain et dit :
« Clara n'est pas ma nièce. C'est ma fille. »

Histoires de famille

Valérie et Romain sont assis sur le canapé dans le salon des Régnat. Monsieur et madame Régnat sont assis en face.

« Vous et votre frère, Axel, dites tous les deux que Clara est votre fille. Il y a donc un problème. Nous pouvons faire un test ADN. Mais cela prend du temps. Ce n'est pas bon pour l'enquête, dit Valérie à Simon Régnat.

– Pas besoin d'un test ADN, répond-il. Axel est le père biologique de Clara. »

Valérie et Romain sont très surpris. Angélique Régnat regarde le sol. Elle ne veut pas regarder Valérie et Romain dans les yeux. Elle ne dit rien. Simon Régnat explique :

« Angélique et Axel étaient ensemble il y a très longtemps. Puis ils se sont séparés. Quelques semaines plus tard, Angélique était avec moi. Elle était enceinte. Mais elle ne voulait pas vivre avec Axel. Nous voulions être ensemble, Angélique et moi. Alors nous n'avons rien dit. Axel ne savait pas qu'Angélique était enceinte. Personne ne le savait. Et je me suis occupé de

en face	gegenüber
ADN *m*	DNA
surpris	überrascht
ensemble	zusammen
se séparer	sich trennen
enceinte	schwanger
s'occuper	sich kümmern

propre	*hier*: eigene
crier *irr*	schreien
hocher la tête	nicken
découvrir *irr*	entdecken
non plus	auch nicht

Clara comme de ma **propre** fille. Elle est ma fille ! »

Simon **crie** presque. Il répète « ma fille ». Angélique **hoche la tête**.

« C'est vrai, dit-elle. Clara est la fille de Simon. C'est Simon qui s'est occupé d'elle. Axel est son père biologique, mais Simon est son vrai père.

– Comment est-ce qu'Axel a **découvert** que Clara était sa fille ? demande Romain.

– Nous ne savons pas, répond Simon Régnat. Nous n'avons pas vu Axel pendant plus de dix-huit ans.

Exercice 5 : Corrigez. Lesen Sie folgende Aussagen und korrigieren Sie die Fehler!

1. Un test ADN est rapide.

____

2. Axel savait qu'Angélique était enceinte.

____

3. Simon Régnat est le père biologique de Clara.

____

4. Simon a dit à Axel qu'il est le père de Clara.

____

– Et ces dernières semaines ? Vous ne l'avez pas vu **non plus** ?

– Si, dit Simon. **Enfin**, non. Nous ne l'avons pas vu. Mais Clara, oui. La semaine dernière, Clara n'allait pas bien. Je lui ai demandé pourquoi. Au début, elle ne voulait rien dire. Puis elle m'a dit qu'elle avait parlé avec un homme. 'Il dit qu'il est mon père ! Il dit qu'il est ton frère et qu'il est mon vrai père ! Il te ressemble et il a le même nom que nous : Régnat. J'ai vu sa **carte d'identité**', a-t-elle dit.

enfin	*hier*: eigentlich
carte *f* **d'identité**	Personalausweis
s'écrier	ausrufen
évident	offensichtlich
excité	aufgeregt
bien sûr	natürlich
réagir *irr*	reagieren
violence *f*	Gewalt

– Vous pensez qu'Axel est le meurtrier de Clara ? demande Angélique Régnat.

– Nous enquêtons, dit simplement Romain.

– Mais c'est possible », dit doucement Simon Régnat.

Pendant quelques secondes, personne ne parle. « Maintenant que j'y pense, je suis sûr qu'Axel est le meurtrier de Clara ! **s'écrie** Simon. Vous avez raison ! C'est **évident** ! Il a un mobile ! »

Simon Régnat est très **excité** maintenant. Valérie demande : « Quel mobile ?

– Axel a demandé à Clara de vivre avec lui. Mais elle a refusé, **bien sûr** ! Cela l'a mis en colère. Clara avait peur.

– Ce n'est pas une raison pour la tuer, dit Valérie.

– Qui sait comment Axel **a réagi**. Il a déjà eu des problèmes de **violence**.

– Vraiment ?

– Oui. Quand on était jeunes, vers quinze ans. Il allait chez

détention *f* provisoire	Untersuchungshaft
accuser	beschuldigen
interroger *irr*	befragen
pharmacien *m*	Apotheker
innocent	unschuldig

un psychologue pour ça. » Romain demande le nom du psychologue. Il l'écrit dans son carnet. Simon ne sait pas si le psychologue travaille encore.
« Il est sûrement trop vieux maintenant. »
Valérie et Romain remercient les Régnat.
« Si vous avez d'autres informations, téléphonez-nous ! » dit Romain.

Quelques semaines plus tard

Exercice 6 : Les adjectifs possessifs. Lesen Sie weiter und suchen Sie das richtige possessive Adjektiv aus!

Axel Régnat est en **détention provisoire**. Il est **accusé** du meurtre de Clara Régnat. **1.** Ses/Sa empreintes digitales sont sur la boîte de calmant que Romain a trouvé chez Clara. Ce sont **2.** tes/ses calmants. Valérie **a interrogé** le médecin et le **pharmacien** d'Axel. Axel a acheté deux boîtes de calmants le mercredi 26 octobre. Seulement trois jours avant la mort de Clara. La deuxième boîte de calmants était chez Axel, dans **3.** son/sa chambre. Il n'a pas d'alibi. Il a des Dr. Martens, pointure 45. Les experts ont trouvé de la terre du parc sur les Dr. Martens.
Axel dit qu'il est **innocent**.
« La terre sur **4.** mes/ta chaussures n'est pas une preuve ! dit-il.

Je me promène souvent dans le parc. Je n'habite pas loin. Et je ne sais pas comment Clara **a eu** mes calmants ! »
Mais les preuves sont plus importantes.

avoir *irr* **eu**	*hier*: bekommen haben
bien	*hier*: tatsächlich
procès *m*	Prozess
pression *f*	Druck
jury *m*	Jury
convaincre *irr*	überzeugen

Romain a aussi appelé le psychologue d'Axel.
« Je ne peux rien dire », a dit le psychologue.
Mais Romain enquêtait sur un meurtre, alors le psychologue était obligé de répondre.
« Axel avait **bien** des problèmes de violence », a-t-il dit.
Le **procès** d'Axel est demain. Les journalistes parlent tous de ce procès. Cela met beaucoup de **pression** à Valérie et Romain. Ils doivent présenter les preuves au **jury**. Avec ces preuves, ils doivent **convaincre** le jury qu'Axel Régnat est le coupable. Valérie se prépare pour le procès. Elle est dans son bureau et lit les notes de l'enquête. Soudain, elle remarque quelque chose. Elle appelle Romain.
« Est-ce que tu te rappelles de l'appartement d'Axel Régnat ? demande-t-elle à Romain.
– Oui. Pourquoi, qu'est-ce qui se passe ?
– Est-ce qu'il y a de la moquette dans l'appartement ? »
Romain réfléchit.
« Je ne crois pas.
– Et des tapis ?
– Non, je crois qu'il n'y a pas de tapis non plus.
– Est-ce que tu es sûr ?
– Nous pouvons regarder les photos pour être sûrs.

pièce *f*	Zimmer
sûr et certain	absolut sicher
expliquer	erklären
ailleurs	anderswo
poussière *f*	Staub
être debout	stehen

– Il n'y a ni moquette, ni tapis, dit Romain.
– Mais on ne voit pas toutes les **pièces** sur ces photos. Nous devons aller à l'appartement ! répond Valérie.
– Ok, mais pourquoi ?
– Nous devons être **sûrs et certains** qu'il n'y a pas de tapis.
– Je comprends, mais pourquoi ? demande encore Romain.
– Je t'**explique** dans la voiture ! »
Pendant que Romain conduit, Valérie explique :
« Nous savons que Clara ne s'est pas suicidée parce qu'il y a des fibres de moquette sur sa robe. S'il n'y a pas de tapis chez Axel, il n'est peut-être pas l'assassin.
– Ou peut-être qu'il a tué Clara **ailleurs**.
– Mais si c'est vrai, nous devons savoir où. Le procès commence demain. Nous devons être sûrs de tous les détails. »
Valérie et Romain sont arrivés. Ils montent l'escalier. Dans l'appartement, ils regardent dans toutes les pièces. Il n'y a pas de tapis. Valérie regarde le sol de très près :
« Je cherche des traces de tapis, dit-elle. Peut-être qu'il y avait un tapis avant.
– Tu regardes si tu trouves des fibres.
– Oui. Ou s'il y a des traces dans la **poussière**.
– Ok ! Je regarde dans la chambre ! » dit Romain et il va dans la chambre.
Vingt minutes plus tard, Valérie et Romain **sont debout** devant la porte d'entrée.
« Nous avons un problème », dit Valérie.

4 Il faut réparer l'erreur

« Clara n'est pas morte chez Axel Régnat. Alors, où est-elle morte ? Le procès commence demain. Nous avons moins de vingt-quatre heures pour trouver le lieu du meurtre. »

Valérie et Romain sont de retour au commissariat.

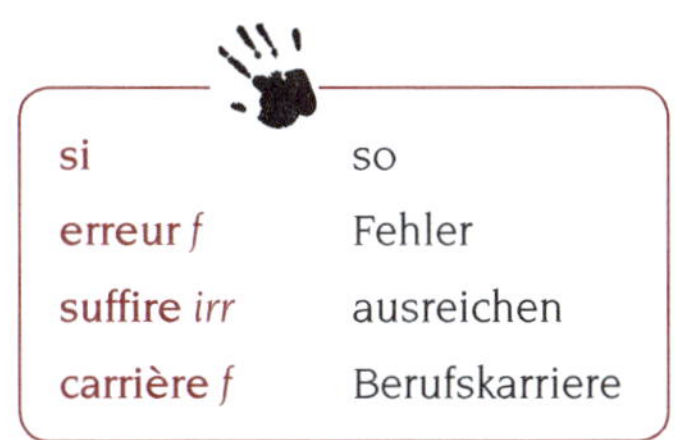

si	so
erreur *f*	Fehler
suffire *irr*	ausreichen
carrière *f*	Berufskarriere

« Je ne comprends pas comment nous avons pu faire une si grosse erreur ! dit Valérie. Il n'y a pas de tapis chez Axel Régnat. Clara n'est donc pas morte chez lui ! Nous ne savons pas où elle est morte. C'est un énorme problème pour le procès.

– Nous avons plusieurs preuves contre Axel Régnat. Ça suffit pour le procès.

– Non, ça ne suffit pas ! Le lieu du crime est très important ! »

Valérie est énervée. C'est la première fois de sa carrière qu'elle fait une erreur comme ça.

« Maintenant il est trop tard pour changer le passé, dit Romain. Nous avons encore une journée pour trouver le lieu du crime. Nous devons nous remettre au travail. On commence par quoi ?

– Tu as raison. Les fibres sur la robe. Va au laboratoire et

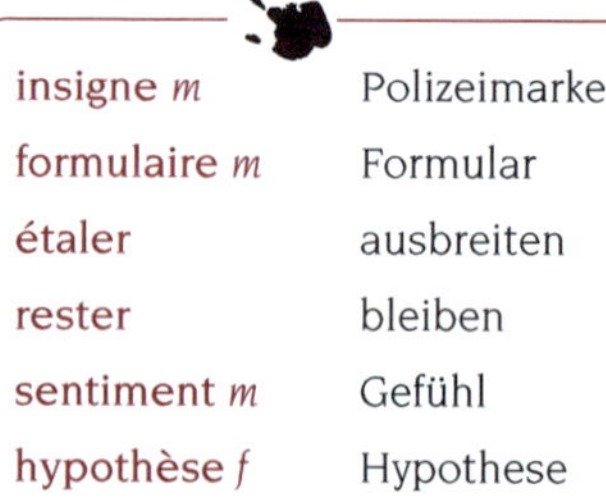

insigne *m*	Polizeimarke
formulaire *m*	Formular
étaler	ausbreiten
rester	bleiben
sentiment *m*	Gefühl
hypothèse *f*	Hypothese

demande encore une fois toutes les informations sur ces fibres. Moi, je regarde de nouveau les autres preuves. Nous avons peut-être oublié un autre détail. »

Romain va au laboratoire et Valérie va chercher les preuves au sous-sol. Elle montre son **insigne** et signe un **formulaire**. Le responsable apporte un gros carton. Valérie retourne en haut. Ella va dans une pièce avec une grande table au milieu. Elle ouvre le carton. Dedans, il y a la robe de Clara, la fleur blanche qu'elle tenait dans ses mains, les Dr. Martens d'Axel, les deux boîtes de calmants, beaucoup de photos. Valérie sort toutes les affaires du carton et les pose sur la table. Elle **étale** les photos. Il y a des photos de la scène de crime, des photos de la chambre de Clara et de l'appartement d'Axel Régnat. Sur les photos de la scène de crime, on voit Clara dans sa robe blanche. Valérie remarque qu'il y a d'autres détails qui **restent** un mystère. Par exemple, la robe blanche de Clara. C'est une robe d'été. Mais il faisait très froid le vendredi 28 octobre. Dans le rapport d'enquête, Romain et Valérie ont écrit :

« La victime portait une robe et une fleur blanches. Cela, et la position de la victime, couchée sur le dos, fait penser que le meurtrier avait des **sentiments** pour la victime. Il voulait qu'elle soit belle. »

Valérie est d'accord avec cette **hypothèse**. Mais cela ne prouve pas qu'Axel est le meurtrier. D'où vient cette robe ?

Est-ce qu'Axel l'a achetée pour Clara ? Il dit qu'il n'a jamais vu cette robe.
Valérie met des gants en caoutchouc et prend la robe blanche. Elle la regarde attentivement. La robe n'est pas **neuve**. Elle est **usée** à plusieurs **endroits**.

Exercice 7 : Qui fait quoi ? Verbinden Sie die Charaktere und ihre Handlungen!

1. Valérie
2. Romain
3. Le meurtrier
4. Le responsable des preuves
5. La victime

a. apporte un gros carton.
b. portait une robe blanche.
c. va au laboratoire.
d. avait des sentiments pour la victime.
e. observe les photos.

1	2	3	4	5

Pendant ce temps, Romain est au laboratoire scientifique. Il parle avec un des experts.
« Les fibres sont des fibres de moquette en **laine**. Elles sont bleues et vertes, très **courtes**. »
L'expert montre les fibres à Romain avec le microscope. Il montre le rapport d'analyse à Romain. Mais Romain connait déjà ce rapport. Il n'apprend rien de nouveau. Il retourne voir Valérie. Elle est encore dans la

neuf/neuve	neu
usé	abgenutzt, gebraucht
endroit *m*	Ort, Stelle
laine *f*	Wolle
court	kurz

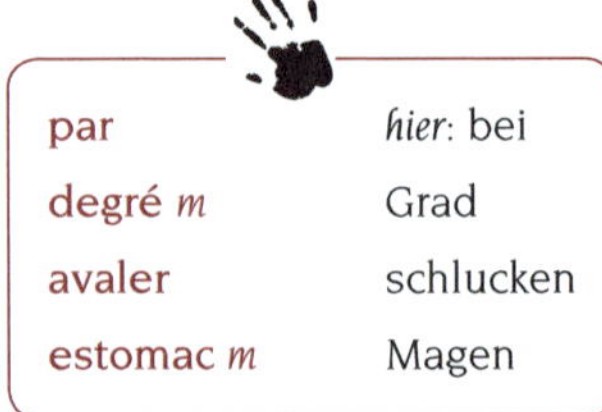

par	*hier*: bei
degré *m*	Grad
avaler	schlucken
estomac *m*	Magen

salle avec la grande table. Elle est de nouveau en colère.

« D'où vient la robe ? C'est une robe d'été. Pourquoi est-ce que Clara portait une robe d'été **par** seulement dix **degrés** ? Dans le rapport, nous avons dit que le meurtrier a mis la robe à Clara. Si Axel est le meurtrier, où est-ce qu'il a eu la robe ? Et où sont les autres vêtements de Clara ? Les vêtements qu'elle portait le jour de sa mort. »

Valérie se calme lentement. Cela la calme de poser toutes ces questions à Romain. Romain n'a pas de réponse à ces questions alors il ne dit rien. Valérie continue à réfléchir puis elle dit :

« Et il y a le problème des calmants. Nous ne savons toujours pas comment Clara a **avalé** les calmants.

– Le médecin légiste a dit que Clara avait seulement du vin dans l'**estomac** quand elle est morte.

– Mais nous n'avons pas trouvé la bouteille de vin.

– C'est vrai, dit Romain.

– Il y a trop de détails incertains. Pour le procès, nous avons besoin de tous les détails du meurtre. Sinon, Axel Régnat sera libéré. »

Valérie et Romain décident d'interroger Axel Régnat encore une fois. Il est quatorze heures quinze.

« Monsieur Régnat, quelle est votre couleur préférée ? demande Valérie.

– Heu… le bleu, pourquoi ?

– Aimez-vous les tapis ?

– Les tapis ? » demande Axel.

Il est étonné. Il ne comprend pas pourquoi Valérie pose ces questions. Valérie et Romain attendent.

« Pas vraiment. Je trouve les tapis jolis mais ils sont souvent en laine. Je suis allergique à la laine.

– Alors vous n'avez pas de tapis chez vous ?

– Non.

– Et vous n'avez jamais eu de tapis avant ?

– Non.

– Est-ce que vous buvez du vin ? »

de temps en temps	ab und zu
vérifier *irr*	prüfen

Cette fois, c'est Romain qui pose la question.

« **De temps en temps**. Mais seulement du vin blanc. Je n'aime pas le vin rouge[i]. »

Valérie et Romain interrogent encore Axel pendant une demi-heure. Ils demandent comment Axel a donné les calmants à Clara. Mais Axel dit toujours qu'il est innocent. Valérie pose des questions sur la robe blanche mais Axel dit qu'il n'a jamais vu cette robe.

« Nous n'apprendrons rien d'Axel. Nous devons chercher ailleurs, dit Romain après l'interrogatoire.

– Nous avons appris une chose, dit Valérie. Axel est allergique à la laine. Nous devons **vérifier** si c'est vrai. Si oui, nous devons peut-être chercher un autre meurtrier. »

Romain est très surpris.

Wussten Sie, dass Weißwein auch aus blauen Trauben gemacht werden kann? Bei manchen Traubensorten ist nur die Haut dunkel, das Fruchtfleisch aber farblos. Da man bei der Weinherstellung die Haut nicht verarbeitet, kann Weißwein auch aus blauen Trauben bestehen.

« Tu penses qu'Axel n'est pas le meurtrier ?
– Je ne sais pas. Depuis ce matin, je me pose la question. »

Romain et Valérie décident de retourner voir Aurélien Dupin, le meilleur ami de Clara. Valérie veut voir s'il a un tapis bleu et vert.
– Tu le soupçonnes ? demande Romain.
– Je soupçonne tout le monde tant que je ne suis pas sûre. »

Exercice 8 : Les intrus. Lesen Sie weiter und finden Sie die fünf Wörter, die nicht zum Text gehören! Welche Frage stellen sich Valérie und Romain?

Romain propose que d'aller chez les parents de Clara. « Je veux voir sa chambre doit encore une fois », dit-il. Valérie téléphone on à Aurélien pour savoir où il est. Puis, elle et Romain vont sur le parking faire et se séparent. Valérie va à l'université, où est Aurélien. Romain va chez Simon et Angélique Régnat.
« Rendez-vous dans maintenant mon bureau à dix-huit heures trente ! » dit Valérie.
Il est seize heures quarante.

Lösung : ______________ ______________ ______________
______________ ______________

5 La mauvaise victime

Aurélien attend Valérie devant l'entrée principale du campus.

« Bonjour, madame Coignard », dit-il.

Valérie **serre la main** d'Aurélien.

« J'ai quelques questions à te poser, dit Valérie à Aurélien. Le procès d'Axel Régnat est demain, je veux être sûre de ne rien oublier.

– Pas de problème. Nous pouvons aller à la cafétéria, si vous voulez. »

Ils traversent une **esplanade** et entrent dans un **bâtiment**. Pour aller à la cafétéria, ils doivent passer par plusieurs **couloirs**. Enfin, ils arrivent.

Aurélien commande un café au lait. Valérie, un café noir. Valérie sort une photo de son sac. Elle la montre à Aurélien.

« Tu as déjà vu cette robe ? demande-t-elle.

– Oui, répond Aurélien sans **hésiter**. C'est une robe de Clara. La robe de sa **confirmation**[i].

– Tu es sûr ?

serrer la main de qn	jmd. die Hand geben
esplanade *f*	Esplanade
bâtiment *m*	Gebäude
couloir *m*	Korridor
hésiter	zögern
confirmation *f*	*hier*: Firmung

– Oui. Vous voyez cette petite tache, là ? » demande Aurélien.
Il montre une petite tache marron clair sur la robe.
« C'est une tache de chocolat. Clara a fait cette tache le jour de sa confirmation. Sa mère était très en colère !
– Est-ce que Clara portait souvent cette robe ?
– Non, pas vraiment. Je crois qu'elle a porté cette robe seulement le jour de sa confirmation.
– Tu n'habites pas très loin d'ici, si je me souviens bien, dit Valérie. Est-ce que nous pouvons aller chez toi ? Juste quelques minutes. »
Aurélien hésite.
« Pourquoi ? demande-t-il.
– Je voudrais vérifier quelque chose », répond Valérie.
Elle ne donne pas plus de détails. Aurélien hoche la tête.
« D'accord, dit-il. Mais j'ai cours dans quarante-cinq minutes.
– Pas de problème. Je n'ai pas besoin de beaucoup de temps. »
Valérie et Aurélien quittent la cafétéria. Ils passent de nouveau dans les couloirs. Sur la gauche, il y a une salle informatique. La porte est ouverte. Valérie remarque quelque chose qui la fait **sursauter**.

sursauter aufschrecken

Frankreich ist ein laizistischer Staat. Es gibt aber natürlich Religionen in Frankreich.
Die am meisten verbreitete ist der Katholizismus. Kinder werden oft schon im Säuglingsalter getauft („Taufe" = *baptême*). Im Alter von ungefähr neun Jahren erhalten sie die Erstkommunion (*1ère communion*) und ein paar Jahre darauf die Firmung (*confirmation*), um ihren Glauben zu bestätigen.

Exercice 9 : Le présent. Setzen Sie die folgenden Verben ins Präsens!

1. voir (nous) ____________________
2. habiter (elles) ____________________
3. passer (tu) ____________________
4. être (il) ____________________

Pendant ce temps, Romain arrive chez les parents de Clara. Madame Régnat ouvre la porte. Monsieur Régnat n'est pas là, il est au travail.

« Excusez-moi de vous déranger, madame Régnat, je voudrais juste revoir la chambre de Clara, s'il vous plaît.

– Est-ce qu'il y a un problème ? demande Angélique Régnat.

– J'ai juste besoin de prendre encore quelques photos. C'est pour le procès. »

Angélique **mène** Romain à la chambre de Clara, puis elle va dans la cuisine. Romain fouille la chambre encore une fois. Il regarde dans les placards, dans et sous les tiroirs, sous le lit. Il a déjà regardé à tous ces endroits au début de l'enquête. Mais peut-être qu'il y a quelque chose qu'il n'a pas vu. Un **journal intime** ou une photo utile pour l'enquête. Il allume l'ordinateur de Clara. Normalement, dans les enquêtes sur des meurtres, un expert informa-

mener *irr*	führen
journal *m* intime	Tagebuch

tique analyse l'ordinateur de la victime. Mais comme Romain et Valérie ont trouvé le meurtrier de Clara très vite, **aucun** expert n'a analysé son ordinateur.

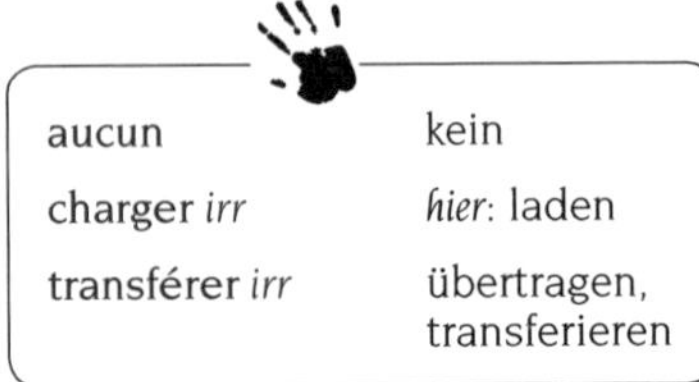

aucun	kein
charger *irr*	*hier*: laden
transférer *irr*	übertragen, transferieren

Romain ouvre la messagerie de Clara. Il n'y a pas de mot de passe. Les messages électroniques **chargent**. Romain a déjà lu les messages de la semaine avant la mort de Clara. Il regarde les nouveaux courriels mais il n'y a rien d'intéressant. Il **transfert** les messages des deux derniers mois sur sa clé USB pour les regarder plus tard, au commissariat. Ensuite, il va voir madame Régnat dans la cuisine. Il passe devant le salon et remarque quelque chose qui le fait sursauter.

« J'ai peut-être trouvé le lieu du crime ! » disent Romain et Valérie en même temps.
Il est dix-huit heures trente. Ils viennent d'arriver au commissariat. Ils se regardent, étonnés. Ce matin, ils n'avaient pas de lieu du crime. Maintenant, ils ont deux lieux du crime ?! Valérie parle en premier.
« À l'université, les salles informatiques ont une moquette bleue et verte. D'après Aurélien Dupin, Clara allait souvent en salle informatique pendant ses pauses. Elle voulait y aller le vendredi 28 octobre.
– Les parents de Clara ont un tapis bleu et vert ! Dans le salon, dit Romain.
– Oh ! Vraiment ? Tu es sûr ?
– Sûr et certain ! Je reviens de chez les Régnat.

– Est-ce que tu as un échantillon ?

– Bien sûr !

– Ok, moi aussi. Allons au laboratoire. Il faut analyser ces deux échantillons le plus vite possible. »

Pendant qu'ils vont au laboratoire, Romain dit encore : « J'ai vu autre chose d'intéressant chez les Régnat. Dans la cuisine, il y avait plusieurs bouteilles de vin blanc. J'ai posé la question à madame Régnat. Elle a dit que son mari et elle boivent souvent du vin blanc. Un ami de monsieur Régnat est vigneron alors ils ont des bouteilles gratuites.

> Im Französischen wird der Ausdruck „etwas machen lassen" mit dem Verb *faire* + Infinitiv übersetzt. « Il fait analyser les échantillons par les experts. » heißt „Er lässt die Proben von den Experten analysieren."

– Ils boivent donc toujours la même marque de vin ?

– Oui. J'ai pris une bouteille pour la faire[i] analyser aussi. »

Exercice 10: Le genre. Sind die Wörter aus dem obigen Abschnitt feminin oder maskulin?

	masculin	féminin
1. chose	B	P
2. vin	R	U
3. bouteille	C	E
4. laboratoire	U	V
5. échantillon	V	N
6. marque	N	E

Lösung: Ils cherchent une _ _ _ _ _ _ (Beweis) !

Pendant que les experts analysent les échantillons de moquette et le vin, Valérie et Romain retournent dans la salle avec la grande table. Romain observe les indices et les photos. Valérie relit le rapport d'enquête. Romain est en train d'observer une photo quand soudain, il se lève et court vers la porte.

le sien	sein
avec préméditation *f*	vorsätzlich
doute *f*	Zweifel

« Je reviens », dit-il.

Il revient un petit peu plus tard.

« Je crois que je sais qui a tué Clara, dit-il à Valérie. Et ce n'est pas Axel Régnat ! »

Romain explique son hypothèse à Valérie.

« Regarde cette photo. Il a de grands pieds. Je suis sûr qu'il fait du 45. Et tu te souviens, les experts avaient dit qu'il y a plusieurs empreintes digitales sur la boîte de calmants. Je suis allé au laboratoire et j'ai demandé aux experts de les comparer avec les **siennes**.

– Où est-ce que tu as eu ses empreintes ?

– Sur la bouteille de vin ! »

Au laboratoire, les analyses montrent que Romain a raison.

« C'était peut-être un accident, dit Valérie. Il ne voulait pas tuer Clara mais Axel. La mauvaise personne a bu le vin.

– Même si c'est la mauvaise victime, c'est quand même un meurtre **avec préméditation** », dit Romain.

Valérie et Romain sont debout devant une porte. Derrière cette porte, il y a le meurtrier de Clara. Le vrai. Cette fois, il n'y a plus de **doute**. Valérie sonne. Il y a un bruit de pas derrière la porte. La porte s'ouvre.

Exercice 11 : Spirale de mots. Beantworten Sie die Fragen und fügen Sie die gesuchten Begriffe in die Wortspirale ein!

1	2	3	4	5	6
20	21	22	23	24	7
19	32	33	34	25	8
18	31	36	35	26	9
17	30	29	28	27	10
16	15	14	13	12	11

1-5 : Comment s'appelle la victime ?
5-8 : Qui est-ce que le meurtrier voulait tuer ?
8-18 : Où travaillent les experts ?
18-24 : Qui analyse les échantillons de moquette ?
24-30 : Les Régnat boivent du vin blanc parfois, souvent ou rarement ?
30-34 : Qu'est-ce qui est bleu et vert ?
34-36 : Le meurtrier chausse du 45, c'est _ _ _ !

« Bonsoir », dit le meurtrier de Clara.
Romain sort ses menottes.
Valérie dit :
« Monsieur Simon Régnat, je vous arrête pour le meurtre de Clara Régnat. Vous avez le droit de garder le silence. Tout ce que vous dites pourra être retenu contre vous. »

menottes *f pl*	Handschellen
garder le silence	schweigen
être *irr* retenu	*hier*: verwendet werden

Vacances sur l'Île de Beauté

Dr. Marc Blancher

1 Départ pour Ajaccio

Nous sommes à Paris, fin juillet. Il fait très chaud. Elsa Valence est au bureau depuis sept heures ce matin. Elle a beaucoup de choses à préparer. Elsa Valence est une petite jeune femme brune très dynamique. Elle a trente-trois ans. Elle a fait des études de commerce dans une grande école parisienne. Et aujourd'hui, elle travaille dans le quartier de La Défense. Elle est l'adjointe de la directrice d'un grand groupe immobilier : Paris Immobilier France & International (PIFI). Elle est très fière de son poste. C'est un poste prestigieux et Elsa gagne beaucoup d'argent. Mais elle travaille aussi beaucoup. Sa famille et ses amis disent qu'elle travaille trop. Elle n'a pas le temps de sortir et n'a pas beaucoup de loisirs. Elle fait seulement du sport dans un club de fitness une fois par semaine.

départ *m*	*hier*: Abflug
quartier *m*	Viertel
adjoint *m*	Stellvertreter
groupe *m*	Konzern
fier/fière	stolz
prestigieux	angesehen
compléter *irr*	ergänzen
portable *m*	*hier*: Laptop
frapper	*hier*: klopfen

Elsa est assise à son bureau. Elle complète un dossier très important sur son ordinateur portable. On frappe à la porte.

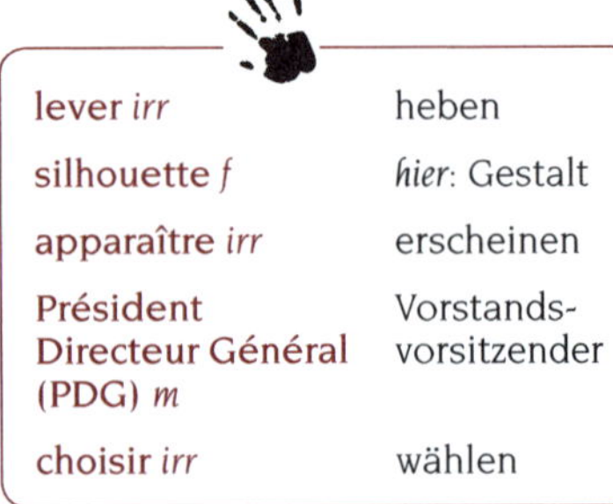

lever *irr*	heben
silhouette *f*	*hier*: Gestalt
apparaître *irr*	erscheinen
Président Directeur Général (PDG) *m*	Vorstands-vorsitzender
choisir *irr*	wählen

Elsa **lève** la tête.
« Entrez ! »
Une **silhouette** féminine **apparaît**. C'est son amie Caroline. Caroline Leroux est la **PDG** du groupe PIFI. C'est est une femme très élégante. Elle a quarante ans cette année. Elle est devenue PDG l'année dernière. L'ancien PDG a démissionné après un scandale financier. Quand elle est devenue PDG, elle **a choisi** Elsa comme adjointe.
« **Coucou** ! Ça va ?
– Ça va. Je finis le dossier du projet de Lyon. Et toi ? Tu n'es pas encore à l'**aéroport** ?
– Non. C'est **justement** pour ça que je viens te voir. Depuis combien de temps n'as-tu pas pris de vacances ? »

Exercice 1 : Le présent. Lesen Sie weiter und setzen Sie die Verben ins Präsens!

« Elsa **1.** überlegen *réfléchit*. Enfin, elle **fait semblant de** réfléchir. En réalité, elle **2.** wissen ____________ qu'elle n'a pas pris de vacances depuis presque cinq ans.

Mais elle n' **3.** mögen ____________ pas les vacances. Car elle **4.** verbringen ____________ toujours ses vacances toute seule.

Enfin depuis qu'elle **s'est séparée** de Matthieu il y a… trois ans ! Matthieu voulait se marier et avoir des enfants. Elsa, elle, **a préféré** sa carrière.

« Depuis au moins trois ans, n'est-ce pas ? Tu prends seulement deux ou trois jours à Noël pour aller chez ta mère. »

Elsa n'aime pas beaucoup parler de sa vie privée.

« Oui, et alors ?

– J'ai beaucoup de rendez-vous dans les prochains jours. Et les Allemands arrivent en début de semaine prochaine.

– C'est vrai, oui, mais le dossier est prêt. Il est sur ton bureau.

– Justement. Je dois aller à mes rendez-vous et lire ce dossier. Je n'ai donc pas le temps d'aller **signer** le **contrat** en Corse.

– Quentin peut y aller.

– Tu sais bien que Quentin est **nul** en **négociations**. Et ce Mattei est très **dur en affaires**. De plus, je suis certain qu'il préfère **négocier** avec une femme.

– Une f… ? Tu veux dire moi ? Écoute, Caroline, j'ai encore beaucoup à faire ici et…

– Tu connais le dossier ?

coucou	huhu
aéroport *m*	Flughafen
justement	gerade
faire *irr* **semblant de**	so tun als ob
se séparer	sich trennen
préférer *irr*	bevorzugen, lieber mögen
signer	unterschreiben, unterzeichnen
contrat *m*	Vertrag
ϟ **nul**	*hier*: unfähig
négociation *f*	Verhandlung
être *irr* **dur en affaires**	ein harter Geschäftsmann sein
négocier *irr*	verhandeln

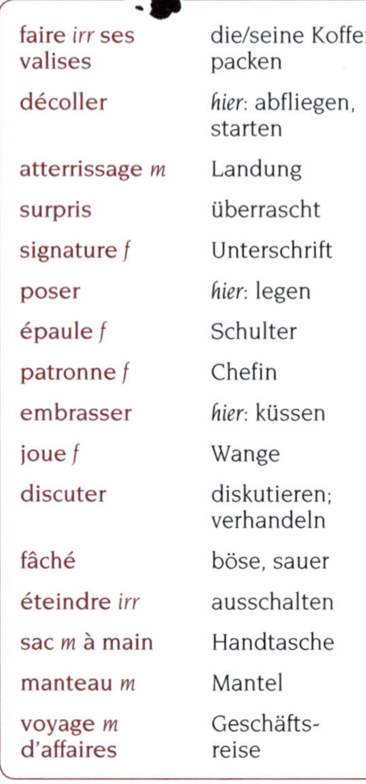

faire *irr* ses valises	die/seine Koffer packen
décoller	*hier*: abfliegen, starten
atterrissage *m*	Landung
surpris	überrascht
signature *f*	Unterschrift
poser	*hier*: legen
épaule *f*	Schulter
patronne *f*	Chefin
embrasser	*hier*: küssen
joue *f*	Wange
discuter	diskutieren; verhandeln
fâché	böse, sauer
éteindre *irr*	ausschalten
sac *m* à main	Handtasche
manteau *m*	Mantel
voyage *m* d'affaires	Geschäftsreise

– Bien sûr, c'est moi qui l'ai préparé.

– Très bien. Donc tu peux rentrer chez toi **faire tes valises**. Ton avion **décolle** d'Orly à 18 h, **atterrissage** à Ajaccio à 19 h 35. Retour dans une semaine. »

Elsa est **surprise** : une semaine, c'est long.

« Une semaine ?

– La **signature** du contrat est après-demain. Ensuite, tu es en vacances jusqu'à lundi prochain.

– Mais, je... »

Caroline **pose** alors sa main sur l'**épaule** d'Elsa.

« Elsa, tu sais que je suis ton amie, mais je suis aussi ta **patronne** ! »

Elsa regarde son amie, surprise. Caroline n'est jamais autoritaire. Caroline **embrasse** Elsa sur les deux **joues**.

« Allez, ma chérie, ne **discute** pas. Et bonnes vacances ! »

Et Caroline sort du bureau. Un peu **fâchée**, Elsa **éteint** son portable. Puis elle prend son **sac à main** et son **manteau**. Quelques instants plus tard, elle arrive au bureau d'Odile, la secrétaire de Caroline. C'est toujours elle qui organise les **voyages d'affaires**.

« Bonjour Odile.

– Bonjour Elsa. Alors, vous partez en vacances ? »
Odile **sourit**. Pour elle, le mot « vacances » est synonyme de « moment agréable ». Mais pour Elsa, ce n'est pas un mot positif. Odile donne une **pochette** à Elsa.
« Voici votre **billet d'avion** : départ d'Orly ce soir à 18 h, arrivée à Ajaccio à 19 h 35. Retour dimanche soir à 22 h 35. Hôtel cinq **étoiles** avec **piscine**, spa etc.
– Cinq étoiles ? Mais je... »
Odile sourit une nouvelle fois : Elsa est un peu **avare**.
« C'est PIFI qui **paie**. Cette semaine de vacances, c'est une **prime** pour les derniers contrats que vous avez signés. Et pour le prochain. »

sourire *irr*	lächeln
pochette *f*	*hier*: Mappe
billet *m* **d'avion**	Flugticket
étoile *f*	Stern
piscine *f*	Schwimmbad
avare	geizig
payer *irr*	bezahlen
prime *f*	Prämie
changer *irr*	*hier*: ändern
tout à coup	plötzlich
démarrer	losfahren
tour *f*	Turm

Une heure plus tard, Elsa descend d'un taxi. C'est en bas de son immeuble. Il fait toujours très beau et très chaud. Elsa a **changé** d'avis : elle pense que c'est une bonne idée de partir en vacances. Elle paie le chauffeur de taxi. Elle remarque alors une luxueuse voiture noire.
La voiture est garée dans la rue. Elsa la regarde. **Tout à coup** la voiture **démarre**. Elsa ne peut pas voir le chauffeur. Cette voiture était aussi garée devant la **tour** de PIFI !
Elle se dit :
« Elsa, tu deviens paranoïaque ! Tu as besoin de vacances ! »

chat *m*	Katze, Kater
sur la gauche	auf der linken Seite
guichet *m*	Schalter
compagnie *f* aérienne	Fluggesell-schaft
hôtesse *f* d'accueil	Empfangs-dame
carte *f* d'identité	Persona-lausweis

Dans son appartement, Elsa appelle :

« Charlie ? Tu es là, mon gros ? »

On entend un miaulement. Charlie est un gros chat noir. Elsa le caresse.

Il est presque seize heures. Elsa arrive en taxi à l'aéroport d'Orly. Elle regarde autour d'elle. Quand elle regarde sur la gauche, elle crie :

« Encore ! »

Le chauffeur de taxi est surpris.

« Tout va bien, Madame ?

– Je... Oui, tout va bien, merci. »

> Das Wort „portable" (wörtlich „tragbar") bezeichnet auf Französisch sowohl den Laptop als auch das Handy. Weder der Anglizismus „Laptop" noch der im Deutschen falsch verwendete Begriff „Handy" finden im Französischen Gebrauch.

Elsa paie le chauffeur. Puis elle reste devant le terminal. Elle pense que Caroline a raison : elle a besoin de vacances. « Allez, Elsa, se dit-elle, tu es jeune, belle, tu gagnes bien ta vie et pendant une semaine, tu vas t'amuser ! »

Quelques minutes plus tard, elle va vers le guichet de la compagnie aérienne. Une hôtesse d'accueil regarde son billet et lui demande sa carte d'identité.

« Vous avez des bagages ?

– Ma valise, répond Elsa en la posant sur le tapis roulant.

– Bagage à main ?

– Mon sac à main et mon portable[i].

– D'accord, vous... »

Exercice 2 : Adjectifs possessifs. Fügen Sie das richtige Possessivpronomen ein!

1. Le bureau d'Elsa : ___*son*___ bureau
2. La valise d'Elsa : ________ valise
3. Les bagages d'Elsa : ________ bagages
4. L'idée d'Elsa : ________ idée

Pendant que l'hôtesse d'accueil lui parle, Elsa **se retourne**. À quelques mètres d'elle, sur la gauche, il y a un homme. Elsa **a l'impression** qu'il la regarde. Il est **assez** grand et **chauve**. Il **porte** un **costume clair** et des **lunettes de soleil**. Il doit avoir quarante, peut-être quarante-cinq ans.

« Madame ? »

Elsa n'écoute pas l'hôtesse.

« Madame ? »

Enfin, Elsa se retourne.

« Oui, excusez-moi… »

Elsa regarde encore une fois vers la gauche. L'homme a disparu.

« Tout va bien, Madame ?

– Je… Oui, tout va bien…

– Porte 35, l'**embarquement** commence dans une heure. Bon voyage, Madame ! »

tapis *m* roulant	Förderband
bagage *m* à main	Handgepäck
se retourner	sich umdrehen
avoir *irr* l'impression	den Eindruck haben
assez	*hier*: ziemlich
chauve	glatzköpfig
porter	tragen
costume *m*	Anzug
clair	hell
lunettes *f pl* de soleil	Sonnenbrille
embarquement *m*	Boarding

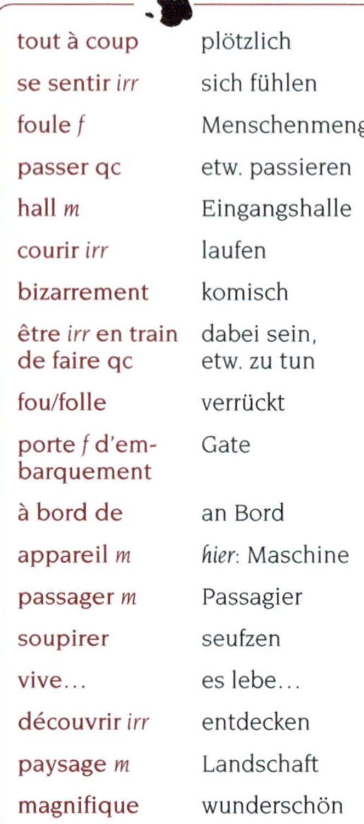

tout à coup	plötzlich
se sentir *irr*	sich fühlen
foule *f*	Menschenmenge
passer qc	etw. passieren
hall *m*	Eingangshalle
courir *irr*	laufen
bizarrement	komisch
être *irr* en train de faire qc	dabei sein, etw. zu tun
fou/folle	verrückt
porte *f* d'embarquement	Gate
à bord de	an Bord
appareil *m*	*hier*: Maschine
passager *m*	Passagier
soupirer	seufzen
vive…	es lebe…
découvrir *irr*	entdecken
paysage *m*	Landschaft
magnifique	wunderschön

Tout à coup, Elsa devient très nerveuse. Elle **se sent** seule dans la **foule** de l'aéroport. Elle **passe** le contrôle de sécurité, puis se promène dans le **hall**. Quand elle sort d'un café, elle voit l'homme au costume clair. Elle **court** dans sa direction. Mais rien ! Il n'y a rien ! Autour d'elle, les gens la regardent **bizarrement**. Elsa croit qu'elle **est en train de** devenir **folle**.

La **porte d'embarquement** s'ouvre et Elsa est la première à monter **à bord de** l'**appareil**. Elle regarde tous les autres **passagers** et, heureusement, l'homme au costume clair n'est pas dans l'avion. Elle **soupire**.

« Ouf ! Maintenant, c'est **vive** les vacances… ou presque ! »

Deux heures et demie plus tard, Elsa sort de l'aéroport Napoléon Bonaparte d'Ajaccio. Quand elle regarde autour d'elle, elle **découvre** les **paysages** de Corse. Elsa comprend pourquoi on appelle cette île l'« Île de Beauté ».

« C'est **magnifique** ! »

De surprise en surprise

Pendant le trajet pour aller à l'hôtel, Elsa admire les magnifiques paysages de Corse. Elle commence à se sentir en vacances. Le taxi entre maintenant dans Ajaccio.
« Où est-ce que je vous dépose exactement ?
Elsa a oublié de donner l'adresse.
« À l'Hôtel de la Côte, s'il vous plaît.
– Hé bien ! » dit le chauffeur.
La réaction du chauffeur est typique. Elsa sait que c'est un hôtel de luxe.
« Cinq étoiles : suite présidentielle, piscine, plage et port privés, établissement thermal ... »
Le taxi se gare devant l'hôtel. Un homme arrive pour ouvrir la porte et prendre les bagages. Elsa paie la course et suit l'employé de l'hôtel. À l'accueil, une jeune femme blonde lui donne son badge et une brochure de l'hôtel.
« Vous avez la chambre numéro 721, Madame. C'est au septième étage. Nous

surprise *f*	Überraschung
trajet *m*	Fahrt
déposer	absetzen
port *m*	Hafen
établissement *m* thermal	Kurzentrum
course *f*	*hier*: Fahrt
employé *m*	Angestellter
accueil *m*	Empfang
badge *m*	Plakette; Abzeichen
brochure *f*	Broschüre
étage *m*	Stockwerk

conduire *irr*	*hier*: hinführen
ascenseur *m*	Fahrstuhl
accompagner	begleiten
groom *m*	(Hotel-)Page, Boy
déposer	hinstellen
commander	*hier*: bestellen
avoir *irr* l'habitude *f*	gewöhnt sein
bon séjour	schönen Aufenthalt

allons vous y conduire. William, s'il vous plaît ! »

Quelques minutes plus tard, Elsa descend au septième étage, accompagné par le groom William. Il ouvre la porte de la chambre. Puis il dépose les bagages d'Elsa à l'intérieur.
« Voilà, Madame. Le minibar est ici et, si vous souhaitez commander, le téléphone est là. »

Exercice 3 : Traduction. Kreuzen Sie die richtige Antwort an!

1. Trinkgeld
a) ❐ le pouvoir
b) ❐ le pourboire

2. Fahrer
a) ❐ le chauffeur
b) ❐ le chauffagiste

3. Taxifahrt
a) ❐ la course
b) ❐ le cours

4. Er arbeitet im Hotel:
a) ❐ le page
b) ❐ le groom

Elsa n'a pas l'habitude des grands hôtels. Elle gagne bien sa vie, mais elle n'est pas riche. William attend quelques instants. Enfin, Elsa lui donne un pourboire.
« Je vous remercie, Madame. Bon séjour.
– Merci. »

Et William sort. La chambre d'Elsa est **immense**. Il y a une **baie vitrée** qui **donne sur** la **mer**. Elsa l'ouvre et va sur le balcon. Elle est très heureuse, mais aussi étonnée : le groupe PIFI est très généreux ! Elsa **a envie** de profiter de ses vacances.

immense	riesig
baie *f* **vitrée**	großes Glasfenster
donner sur qc	*hier*: mit Blick auf etw. sein
mer *f*	Meer
avoir *irr* **envie**	Lust haben
sursauter	aufschrecken
crier	schreien
se déshabiller	sich ausziehen
peignoir *m*	Bademantel
bassin *m* **d'eau chaude**	Warmwasserbad
nager	schwimmen
grotte *f* **artificielle**	künstliche Höhle
détendu	entspannt
se rhabiller	sich wieder anziehen

Tout à coup, on frappe à la porte de sa chambre. Elle **sursaute** et **crie**. Elsa se dit qu'elle est trop stressée. C'est le…

« Service d'étage, Madame ! Est-ce que vous avez besoin de quelque chose ?

– Non, ça va, je vous remercie. »

Peu après, Elsa va au spa de l'hôtel. Elle entre dans une cabine et **se déshabille**. Puis elle met un **peignoir** blanc de l'hôtel. Et elle entre dans le spa. C'est une idée de Caroline : en effet, son amie lui a dit que le spa de l'hôtel est formidable. Elsa commence par le **bassin d'eau chaude**. Puis elle va **nager** dans les **grottes artificielles**.

« Caroline a raison, se dit-elle, ce spa est formidable ! »

Puis elle se fait masser pendant une demi-heure.

Maintenant, Elsa est vraiment **détendue**. Elle prend une longue douche puis elle **se rhabille** et remonte dans sa

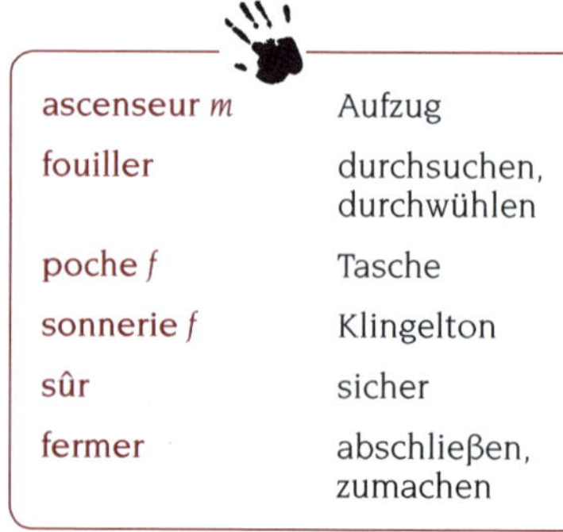

ascenseur *m*	Aufzug
fouiller	durchsuchen, durchwühlen
poche *f*	Tasche
sonnerie *f*	Klingelton
sûr	sicher
fermer	abschließen, zumachen

chambre. Dans l'**ascenseur**, elle **fouille** ses **poches**. Elle n'arrive pas à retrouver son badge. On entend une petite **sonnerie** : c'est le septième étage. Elsa sort de l'ascenseur. Quand elle arrive devant la porte de sa chambre, Elsa remarque qu'elle est… !

Exercice 4 : Devinette. Finden Sie die passenden Begriffe und enträtseln Sie das Lösungswort!

1. La meilleure amie d'Elsa et sa patronne : _ _ _ □ _ _ _ _.
2. Après le spa, Elsa prend une _ _ □ _ _ _.
3. Quand on part, on met ses affaires dans une □ _ _ _ _ _.
4. En Corse, Elsa habite dans un _ _ _ □ _.
5. Elsa gagne beaucoup d'argent mais elle n'est pas très □ _ _ _ _.
6. Après le spa, Elsa est vraiment _ _ □ _ _ _ _ _.
7. Elsa commence par le bassin d'□ _ _ chaude.

Lösung: _ _ _ _ _ _ _

C'est bizarre. Elsa est **sûre** d'avoir **fermé** la porte. « Il y a quelqu'un ? Je n'ai rien commandé !

– Je sais, Mademoiselle Valence. »
Elsa fait quelques **pas** dans la chambre et là… ! Elle sursaute. Devant elle, dans le **fauteuil**, un homme est assis. Il **braque** un pistolet sur elle.
« Qui… ? Qui êtes-vous ? » demande Elsa.
Sa voix et ses mains tremblent.

pas *m*	Schritt
fauteuil *m*	Sessel
braquer	richten
refermer	wieder schließen; wieder zumachen
terrifié	angsterfüllt
entièrement	ganz
partenariat *m*	*hier*: Abkommen; Vertrag
peu importe	was auch immer
se lever *irr*	aufstehen
s'approcher de	sich jmd./etw. nähern

« **Refermez** la porte, Mademoiselle Valence.
– Si… Si vous ne sortez pas tout de suite de ma chambre, je vais crier !
– Vous criez, vous êtes morte. Si vous m'écoutez, tout va bien se passer. »
Terrifiée, Elsa referme la porte de la chambre.
« Qu'est-ce que… ?
Qu'est-ce que vous me voulez ? »
L'homme a quarante ans. Peut-être quarante-cinq. Il est **entièrement** chauve. Ses yeux sont cachés par des lunettes de soleil.
« Vous êtes ici pour signer un **partenariat** entre PIFI et Mattei Immobilier. Pour cela, demain, vous allez rencontrer Jacques Mattei, le patron de Mattei Immobilier.
– Oui, mais… Comment… ?
– **Peu importe**. »
L'homme **se lève** et **s'approche d'**Elsa.

siège *m*	Sitz
refuser	sich weigern
faire *irr* confiance à qn	*hier*: auf jdn. zählen
avoir *irr* un accident	einen Unfall haben

« C'est vous… C'est vous qui me suivez depuis Paris, n'est-ce pas ? Vous étiez devant le siège de PIFI et aussi dans ma rue ! Et à l'aéroport ! »

L'homme ne répond pas. Il marche dans la chambre.

« Vous allez changer le contrat, Mademoiselle Valence.

– Changer le contrat ?

– Il faut que Jacques Mattei refuse de signer.

– Mais comment… ?

– Vous allez trouver une solution, Mademoiselle Valence. Je vous fais confiance.

– Et si… ?

– Et si vous refusez ? Si vous ne le faites pas ? Alors vous allez avoir un accident : vous allez peut-être tomber du dixième étage de cet hôtel ou avoir un accident de voiture. »

Exercice 5 : Les nombres ordinaux. Schreiben Sie nach dem Beispiel die passenden Ordnungszahlen!

1. le 1er étage — le *premier* étage
2. le 5e étage — ____________
3. le 9e étage — ____________
4. le 21e étage — ____________

Elsa est terrorisée. L'homme range son pistolet dans sa veste. Avant de sortir, il fait un sourire à Elsa et lui dit :

« Bonne fin de journée, Mademoiselle Valence. »
Elsa a très peur. Elle ferme la porte et prend une bouteille dans le minibar. Une bouteille d'un alcool fort. Elle a besoin de cela pour se calmer. Puis, elle commence à réfléchir : doit-elle appeler la sécurité de l'hôtel ? Ou bien la police ? L'homme a laissé le badge sur le **guéridon**. Il ne va peut-être pas revenir. Elsa commence à regarder le contrat qu'elle doit signer **le lendemain**. C'est un contrat de partenariat entre PIFI et le groupe Mattei Immobilier. PIFI est un très gros groupe. Elsa sait que PIFI veut racheter le groupe Mattei… plus tard.

ranger *irr*	wegräumen
veste *f*	Jacke
guéridon *m*	kleiner runder Tisch (mit einem Bein)
lendemain *m*	folgender Tag
menacer *irr*	bedrohen
concurrent *m*	Konkurrent, Rivale
ennemi *m*	Feind
secteur *m*	Bereich
possibilité *f*	Möglichkeit

Exercice 6 : L'accord des verbes. Lesen Sie weiter und unterstreichen Sie die richtige Variante!

Elle **1.** réfléchit / réfléchissent : qui est-ce qui **2.** peux / peut la **menacer** ? Est-ce un **concurrent** ? Elle **3.** sait / savent que le groupe PIFI a beaucoup d'**ennemis** dans le **secteur** de l'immobilier. Ou bien est-ce la mafia ? Elle **4.** dirige / dirigent en réalité Mattei Immobilier. Ou les nationalistes corses ? Ils ne **5.** veut / veulent pas que le groupe corse travaille avec un groupe français. Elsa trouve beaucoup de **possibilités**.

3 Le piège

Nous sommes mardi matin. Elsa **a mal à la tête**. Ce sont l'alcool et le travail : Elsa a maintenant un nouveau contrat. Elle prend une douche. Puis elle met un **chemisier**, un **tailleur** et des **chaussures à talon**. Elle est très élégante. Mais elle est nerveuse. Et elle a vraiment peur. Elle prend un taxi devant l'hôtel. Elle donne l'adresse au chauffeur.

« La tour Mattei ? La course dure vingt-cinq minutes.

– D'accord.

– Vous êtes ici **pour affaire** ?

– Oui, pour affaire... »

Pendant la course, Elsa lit le nouveau contrat. Et elle réfléchit. Elle ne sait pas quoi faire. Elle a peur pour sa vie.

Exercice 7 : Les vêtements. **Sortieren Sie die Kleidungsstücke nach Herren- und Damenbekleidung!**

le tailleur | la chemise | le chemisier | les chaussures à talon | le caleçon | le costume

vêtements homme	vêtements femme
	le tailleur

Trente minutes plus tard, le taxi arrive devant la tour du groupe Mattei. C'est une très belle tour en **verre**. Elle **est située** sur la côte. Elsa paie le chauffeur de taxi. Elle descend du taxi avec son **attaché-case**. À l'**accueil**, on lui dit de monter au dernier étage. Le bureau de Jacques Mattei est **tout en haut de** la tour.

Dans l'ascenseur, Nathalie est **de plus en plus** nerveuse. Au dernier étage, ses mains **tremblent**. La secrétaire le remarque.

« Bonjour Madame.

– Bonjour. Je suis Elsa Valence, du groupe PIFI. J'ai rendez-vous avec Monsieur Mattei à neuf heures.

– Je le **préviens** : vous **désirez** un café en attendant ?

– Non, merci. »

Elsa **reste debout**. Elle regarde des photos de projets immobiliers qui sont **accrochées** aux murs. Pendant ce temps, la secrétaire appelle Jacques Mattei.

« Monsieur ? … Oui… Madame Valence est arrivée. Oui… Très bien, Monsieur. »

Et elle **raccroche**.

piège *m*	Falle
avoir *irr* mal à la tête	Kopfschmerzen haben
chemisier *m*	Bluse
tailleur *m*	Damenkostüm
chaussures *f pl* à talons	Schuhe mit Absätzen
pour affaire	geschäftlich
verre *m*	Glas
être *irr* situé	sich befinden
attaché-case *m*	Aktenkoffer
accueil *m*	Empfang
tout en haut de	ganz oben
de plus en plus	immer mehr
trembler	zittern
prévenir *irr*	*hier*: Bescheid geben
désirer	*hier*: wünschen
rester debout	stehen bleiben
accrocher	aufhängen
raccrocher	auflegen

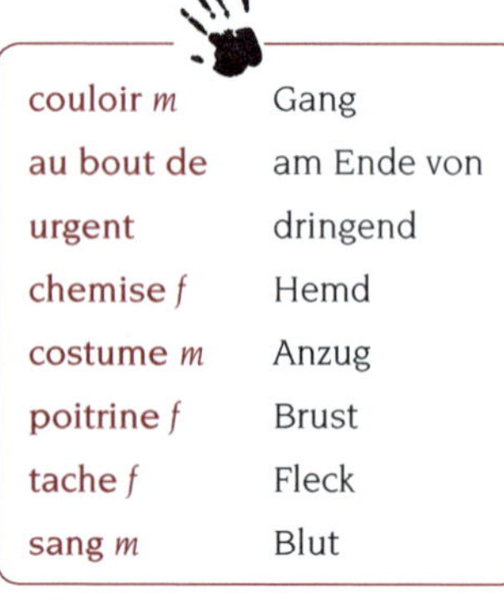

couloir *m*	Gang
au bout de	am Ende von
urgent	dringend
chemise *f*	Hemd
costume *m*	Anzug
poitrine *f*	Brust
tache *f*	Fleck
sang *m*	Blut

« Madame Valence ? Monsieur Mattei vous attend dans son bureau. Je vous accompagne. » Une minute plus tard, la secrétaire fait entrer Elsa dans un **couloir**.

« Le bureau de Monsieur Mattei est **au bout du** couloir et je… »

Le téléphone sonne.

« Excusez-moi. C'est **urgent**. Je dois répondre. Le bureau de Monsieur Mattei, c'est la deuxième porte à gauche.

– Je vais trouver, merci. »

Elsa arrive devant la porte de Jacques Mattei. À l'autre bout du couloir, Elsa entend du bruit. Une porte se ferme. Mais elle ne voit personne. Elsa frappe à la porte. Une fois. Deux fois. Une troisième fois. Personne ne répond. Elle n'entend rien.

« Monsieur Mattei ? »

Pas de réponse.

« Monsieur ? »

Il n'y a toujours pas de réponse.

« Monsieur Mattei ? C'est Elsa Valence, de chez PIFI, nous… »

Elsa ne veut plus attendre. Elle ouvre la porte et…

« Oh, mon Dieu ! »

Jacques Mattei est assis dans son fauteuil. Il porte une **chemise** et un **costume**. Sur sa **poitrine**, il y a deux **taches** de **sang**. Il est mort. Le téléphone portable d'Elsa sonne.

Il est dans son sac à main. Elle **décroche**. Sa **voix** tremble.
« A… Allô ? »

Exercice 8 : La négation. Suchen Sie im vorherigen Absatz den jeweils passenden verneinten Satz!

1. Elsa voit quelqu'un. *Elsa ne voit personne.*

2. Elle entend quelque chose. ____________________

3. Il y a déjà une réponse. ____________________

4. Elle veut encore attendre. ____________________

Une voix **masculine** lui répond :
« Mademoiselle Valence ?
– Qui… ?
– Vous savez qui je suis. Fermez la porte.
– La porte, mais…
– Faites ce que je dis, Mademoiselle Valence !
– C'est… C'est vous qui l'avez **tué** !
– **Taisez-vous** et **dépêchez-vous** ! »
Terrorisée, Elsa ferme la porte.
« Très bien. Et maintenant, fouillez dans son attaché-case. Il est à côté du bureau.
– Faites-le ! »
Elsa va de l'autre côté du bureau. Elle trouve l'attaché-case de Jacques Mattei.

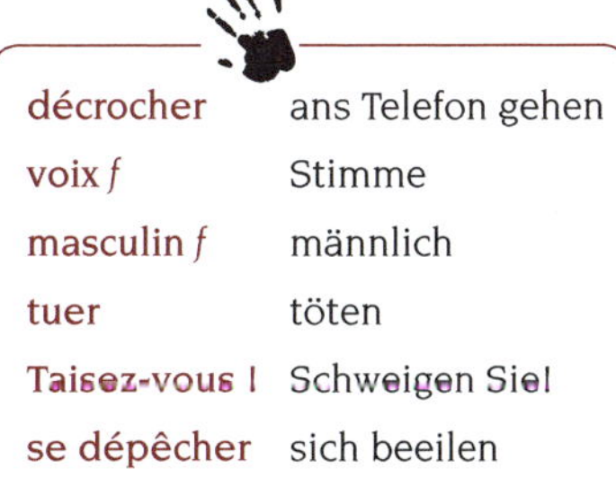

décrocher	ans Telefon gehen
voix *f*	Stimme
masculin *f*	männlich
tuer	töten
Taisez-vous !	Schweigen Sie!
se dépêcher	sich beeilen

à l'intérieur	innen
arme *f*	Waffe
jeter *irr*	wegwerfen
tout de suite	sofort
menacer *irr*	bedrohen
menotter qn	jmd. Handschellen anlegen
garde à vue	Polizeigewahrsam
assassinat *m*	Ermordung
pleurer	weinen
jurer	schwören

Elle fouille **à l'intérieur** et trouve… un pistolet encore chaud !

« Mais c'est… »

Elsa ne peut pas finir sa phrase. L'homme a déjà raccroché. Et la porte du bureau s'ouvre. Deux policiers entrent. Ils voient Elsa avec le pistolet dans les mains. Ils sortent alors leurs **armes**.

« Police ! **Jetez** votre arme, Madame !

Elsa ne comprend pas ce qui se passe. Elle ne jette pas le pistolet **tout de suite**. Les policiers la **menacent** :

« Madame, si vous ne jetez pas votre arme, nous allons tirer ! »

Elsa tremble de peur. Elle pose le pistolet sur le bureau. Un policier la **menotte**.

« Madame, vous êtes en **garde à vue**…

– Il est mort, dit son collègue.

– … pour **assassinat**. »

Quand elle entend cela, Elsa commence à **pleurer**.

« Mais… Je n'ai tué personne ! Je vous le **jure** ! C'est lui ! C'est cet homme !

– Quel homme, Madame ?

– Il… »

Elsa est maintenant assise dans le bureau. Elle est menottée. Un des policiers en uniforme est à côté d'elle. L'autre discute avec la secrétaire. Elle pleure.

Exercice 9 : L'imparfait. **Ergänzen Sie Elsas Beschreibung mit der richtigen Form des Imparfait!**

avait | voulait | attendait | était

« Il **1.** ___*était*___ à l'aéroport à Paris. Et il m' **2.** ______________ dans ma chambre d'hôtel, ici, à Ajaccio. Il **3.** ______________ l'air de tout savoir sur le contrat. Il **4.** ______________ que je change le contrat. »

« Je... Je... Oh, mon Dieu ! Monsieur Mattei...
– Mademoiselle, calmez-vous. »
Un homme sans uniforme entre alors dans le bureau.
« Qu'est-ce qui se passe, ici ? »
Il a entre trente-cinq et quarante ans. Il a les cheveux châtains et il porte un bouc.
Il a de petits yeux bleus qui brillent.
Un policier en uniforme lui répond :
« La victime s'appelle Jacques Mattei, quarante-cinq ans, président du groupe Mattei. Sa secrétaire lui a parlé tout à l'heure. Il avait rendez-vous avec... »
Le policier en uniforme montre alors Elsa :

se calmer	sich beruhigen
sans	ohne
châtain	braun
bouc *m*	Spitzbart
briller	glänzen
victime *f*	Opfer
tout à l'heure	vorher
montrer	zeigen

« Elsa Valence, trente-trois ans, adjointe de direction du groupe PIFI. Elle avait ce pistolet dans la main.
– Qui vous a prévenus ?
– Un appel anonyme.

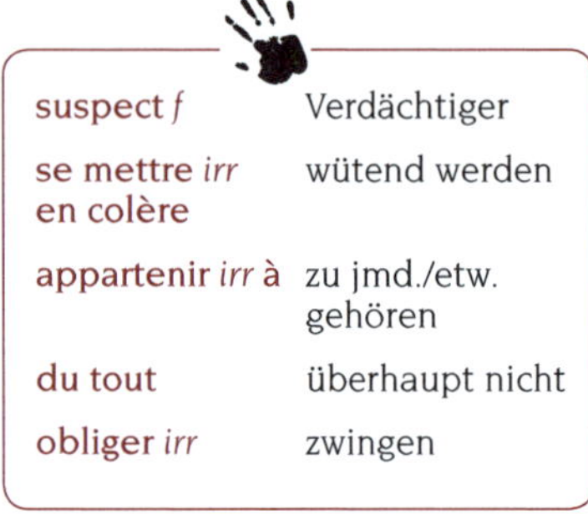

suspect *f*	Verdächtiger
se mettre *irr* en colère	wütend werden
appartenir *irr* à	zu jmd./etw. gehören
du tout	überhaupt nicht
obliger *irr*	zwingen

– Et que dit la **suspecte** ? »
Elsa a peur, mais elle sait qu'elle n'a rien fait. Alors elle **se met en colère** :
« Je suis ici ! Vous pouvez me parler directement ! »
L'homme s'approche d'Elsa.
« Mademoiselle Valence, je suis le commandant Lafitte. J'**appartiens à** la brigade criminelle de la Direction Régionale de la Police Judiciaire d'Ajaccio. Que s'est-il passé ?
– Ce qui s'est passé ? Je n'ai rien fait ! Je n'ai rien fait **du tout** ! Il y avait un homme…
– Nous n'avons trouvé personne, commandant. »
Un policier travaille sur l'ordinateur de Jacques Mattei.
« Commandant ! Regardez !
– Qu'est-ce qu'il y a ?
– Regardez les e-mails ! Madame Valence voulait changer le contrat. Et Jacques Mattei n'était pas d'accord. »
Le commandant Lafitte lit le contrat d'Elsa. Il était dans son attaché-case.
« Et vous avez changé le contrat ?
– Oui, j'ai changé le contrat ! Mais j'étais **obligée** !
– Obligée ? Par qui ?
– Par cet homme !

– Je suis désolé, Mademoiselle. Mais vous devez nous accompagner. »
Une demi-heure plus tard, Elsa arrive au commissariat central d'Ajaccio. Deux policiers en uniforme la conduisent dans une cellule.

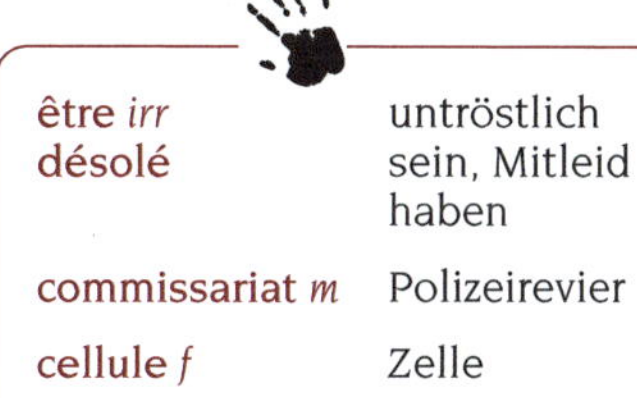

être *irr* désolé	untröstlich sein, Mitleid haben
commissariat *m*	Polizeirevier
cellule *f*	Zelle

Exercice 10 : Vrai ou faux ? Welche Aussagen sind korrekt? Markieren Sie mit richtig ✔ oder falsch – !

1. Jacques Mattei a été tué. ☐

2. Elsa a tué Jacques Mattei. ☐

3. Elsa n'a pas pris le pistolet dans l'attaché-case. ☐

4. Elsa est arrêtée par la police. ☐

4 Toute la vérité

Nous sommes mercredi. Elsa a le droit de passer un coup de téléphone. Elle appelle Caroline. Odile répond au téléphone.

« PIFI, bureau de Caroline Leroux, bonjour.

– Odile ?

– Elsa ? Comment allez-vous ? La police… »

Elsa ne peut pas parler.

« Est-ce que Caroline est là ?

– Non, je suis désolée.

– Vous savez quand elle revient ?

– Elle est absente pour la journée[i].

– Pour la journée ? Mais… Et son portable ?

– On ne peut pas la joindre. »

Elsa est choquée.

« Le groupe PIFI va vous envoyer un avocat. C'est

vérité *f*	Wahrheit
avoir *irr* le droit	das Recht haben
passer un coup de fil	einen Anruf tätigen
revenir *irr*	zurückkommen
absent	abwesend
joindre *irr*	*hier*: telefonisch erreichen
envoyer *irr*	schicken
avocat *m*	Anwalt

Es gibt im Französischen zwei mögliche Übersetzungen für „Jahr": *an* und *année*. Ebenso verhält es sich mit „Tag": *jour* und *journée* und mit „Abend: *soir* und *soirée*. Die Begriffe *an*, *jour* und *soir* sind männlich und bezeichnen das Konzept als zählbare Einheit. Die Begriffe *année*, *journée* und *soirée* sind weiblich und drücken eine Dauer aus.

une idée de Caroline. Je suis désolée mais je ne peux pas vous parler.
– Pourquoi ?
– La police est là…
– La police ? Dans nos bureaux à Paris ?

détournement *m* de fonds	Veruntreuung von Geldern
coupable *m*	Schuldiger
hésiter	zögern
compte *m*	*hier*: Bankkonto
interroger *irr*	befragen
assassiner	ermorden

– Oui, ils fouillent nos ordinateurs.
– Pourquoi ?
– Le **détournement de fonds** de l'année dernière.
– Mais je croyais que le **coupable** s'appelait Georges Larivière.
– Elsa, je… »
Elsa comprend qu'il y a un problème. Odile **hésite**.
« Caroline était là ce matin avec la police et…
– Et quoi ? demande Elsa.
– Et ils disent que c'est vous… C'était votre ordinateur… Et il y avait de l'argent sur votre **compte**, beaucoup d'argent. »
Elsa raccroche et elle pleure.
Une heure plus tard, Elsa est dans un bureau. Elle est **interrogée** par deux policiers : le commandant Lafitte et un de ses collègues.
« Mademoiselle Valence, pourquoi avez-vous **assassiné** Jacques Mattei ?
– Mais je ne l'ai pas tué ! »
Le collègue du commandant Lafitte est en colère.
« Vous ne l'avez pas tué ? Vous aviez le pistolet dans les mains !

– C'est… C'est l'homme au téléphone !

– Quel homme au téléphone ?

– L'homme de l'aéroport, de l'avion, de l'hôtel !

– Mais qu'est-ce que vous **racontez** ?

– Vous avez **vérifié** mon portable ? »

Le collègue du commandant Lafitte sourit. Il montre un papier à Elsa.

« Regardez ! C'est la liste de vos appels entrants !

– Alors ? Qui m'a appelée ? »

Le policier **continue** de sourire. Elsa ne comprend pas. Le commandant Lafitte dit :

« C'est votre **employeur**, Mademoiselle Valence. L'appel venait du groupe PIFI.

– Quoi ? Mais c'est impossible ! »

Le deuxième policier **perd patience**.

« Mais **arrêtez de mentir**, Madame !

– Ce n'est pas Madame, c'est Mademoiselle ! Et je veux voir mon avocat !

– Quel avocat ?

– Celui du groupe PIFI.

– La directrice du groupe, Caroline Leroux, a dit ce matin qu'elle ne peut pas vous aider.

– Quoi ? Mais ce n'est pas vrai ! C'est mon amie… »

Le commandant Lafitte **précise** :

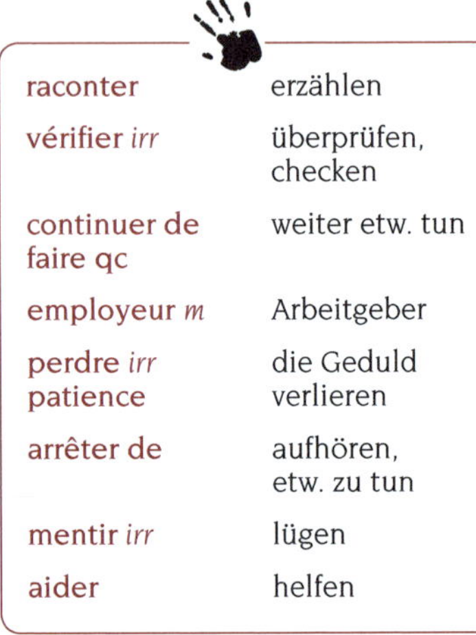

raconter	erzählen
vérifier *irr*	überprüfen, checken
continuer de faire qc	weiter etw. tun
employeur *m*	Arbeitgeber
perdre *irr* patience	die Geduld verlieren
arrêter de	aufhören, etw. zu tun
mentir *irr*	lügen
aider	helfen

« Mademoiselle Valence, j'ai ici le **témoignage** de Caroline Leroux.

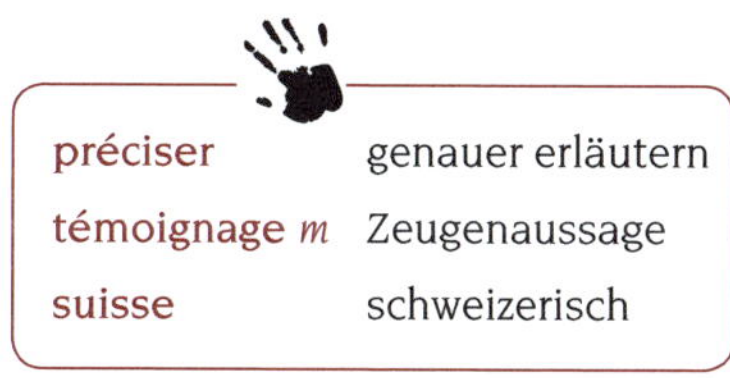

préciser	genauer erläutern
témoignage *m*	Zeugenaussage
suisse	schweizerisch

– Son témoignage ? Mais elle est à Paris...

– Nos collègues parisiens l'ont interrogée ce matin. Il y a eu un détournement de fonds chez PIFI l'année dernière, n'est-ce pas ?

– Je sais, oui : plusieurs dizaines de millions d'euros ont été volés. Le coupable s'appelle Georges Larivière.

– Non, Mademoiselle, depuis ce matin, nous savons que c'est vous.

– Moi ? Mais je n'ai rien volé ! Vous pouvez vérifier mes comptes ! »

Exercice 11 : Les prépositions. Lesen Sie weiter und ergänzen Sie den Text mit den richtigen Präpositionen!

pour   en   à   de

Le deuxième policier sourit. Il montre un autre papier

1. _à_ Elsa et lui demande :

« Vos comptes en banque français ou vos comptes

2. __________ banque **suisses** ?

- Je n'ai jamais eu de comptes en Suisse !

- Et le témoignage **3.** __________ Caroline Leroux ? Elle

vous a appelée hier matin, au moment où...

- Quoi ? Mais non ! C'était un homme ! Je jure que c'était un homme !

- Pourquoi ment-elle ?

- **4.** ________ nous, ce sont des preuves suffisantes. »

On frappe alors à la porte. Un policier entre et donne un document au commandant Lafitte.

« Vérifiez ça le plus vite possible ! »

Dans un café de la banlieue d'Ajaccio : une femme entre. Elle porte un tailleur et un attaché-case. Elle porte aussi des lunettes de soleil. Elle a les cheveux noirs mais… c'est une perruque ! Elle dit bonjour au patron. Puis elle s'installe à une table. À cette table, il y a… l'homme qui était dans la chambre d'Elsa. Quand il voit la femme, il sursaute.

« Tu… Tu m'as fait peur ! »

Elle commande un café.

jurer	schwören
preuve *f*	Beweis
suffisant	ausreichend
banlieue *f*	Vorstadt
patron *m*	*hier*: Kneipen-Inhaber
s'installer à	*hier*: Platz nehmen
ressembler à qn	jmd. ähnlich sehen
ϟ imbécile *m*	Dummkopf; Idiot

« Tu ressembles à Elsa Valence.

– C'est mon idée.

– Qu'est-ce qu'on fait, maintenant ?

– Il faut partir, imbécile ! »

L'homme n'est pas content.

« Imbécile ? Pourquoi imbécile ?

– Parce que tu as tué Mattei !

– Où va-t-on ?

– À Paris. Elsa Valence va **retirer** ses millions et **disparaître** !

– On y va ensemble ?

– Non ! Tu prends le bateau et le train, et moi l'avion ! Avant de partir, je vais voir une amie qui est en **prison** ! Ah ! Ah ! Ah ! »

Exercice 12 : Le présent. Finden Sie die passende Präsensform zur jeweiligen Imparfait-Form aus dem vorherigen Absatz!

1. Je croyais ___*Je crois*___
2. Il s'appelait ______________
3. Elle était ______________
4. Il y avait ______________

Au commissariat, Elsa est **toujours** dans le même bureau. Et l'**interrogatoire** continue.

« Madame Valence, **répète** le deuxième policier, c'est votre téléphone portable, ce sont vos chaussures. Il y avait des **traces** à côté de la victime. Il y a vos **empreintes** sur l'arme. Vous avez volé l'argent de PIFI.

– Ce n'est pas moi, c'est un

retirer	*hier*: abheben
disparaître *irr*	verschwinden
prison *f*	Gefängnis
toujours	*hier*: immer noch
interrogatoire *m*	Befragung
répéter *irr*	wiederholen
trace *f*	Spur
empreinte *f*	*hier*: Fingerabdruck

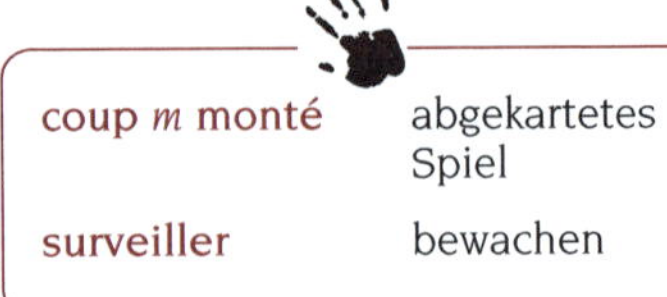

coup *m* monté	abgekartetes Spiel
surveiller	bewachen

coup monté ! Ce sont cet homme et…

– Mais quel homme, Madame ? »

Le commandant Lafitte ne dit rien. Il mange des bonbons et écoute. Le deuxième policier propose d'appeler un psychiatre. Il croit qu'Elsa est folle !

Exercice 13 : Questions. Formulieren Sie die passende Frage, indem Sie die richtige Form des Frageworts „quel" benutzen!

1. Elsa a ce téléphone portable.

   Quel téléphone portable a Elsa ?

2. L'autre policier fait cette proposition.

   ____

3. Le commandant Lafitte mange ces bonbons.

   ____

4. Caroline porte ces chaussures.

   ____

En début d'après-midi, Caroline Leroux arrive au commissariat. Elle demande à parler à Elsa. Un policier les installe dans un bureau et les surveille.

« Comment vas-tu, ma chérie ? demande Caroline.

– Comment je vais ? À ton avis ? Je suis en garde à vue, Caroline ! »

Caroline sourit.

« Pourquoi as-tu dit ça ? » demande Elsa.

Caroline fait semblant d'être surprise.

« Pourquoi as-tu menti ? C'était un homme au téléphone hier matin. Et pourquoi est-ce qu'il était dans les bureaux de PIFI ?

– J'ai seulement dit la vérité, Elsa. Et le groupe ne te paie pas d'avocat.

– Quoi ?

faire *irr* semblant de	so tun als ob
renvoyer *irr*	*hier*: entlassen
laisser	*hier*: sich verabschieden
désespéré	verzweifelt
magazine *m*	Zeitschrift
attendre *irr*	warten

– Oui : tu es renvoyée. C'est à cause des millions volés. Je te laisse, je dois rentrer à Paris.

– Caroline ? Pourquoi es-tu venue ? »

La PDG du groupe PIFI ne répond pas. Elle sort. Le policier raccompagne Elsa dans sa cellule. La jeune femme pleure beaucoup. Elle est désespérée. Mais le commandant Lafitte arrive. Un policier en uniforme ouvre la porte de la cellule.

« Mademoiselle Valence ?

– Vous pouvez m'interroger aussi longtemps que vous voulez, commandant !

– Je ne veux pas vous interroger, Mademoiselle ! Venez ! »

Nous sommes mercredi matin. Elsa est assise à côté du commandant Lafitte. Elle est très nerveuse. Le commandant lit un magazine.

« Qu'est-ce qu'on attend, commandant ?

– Vous allez voir. »

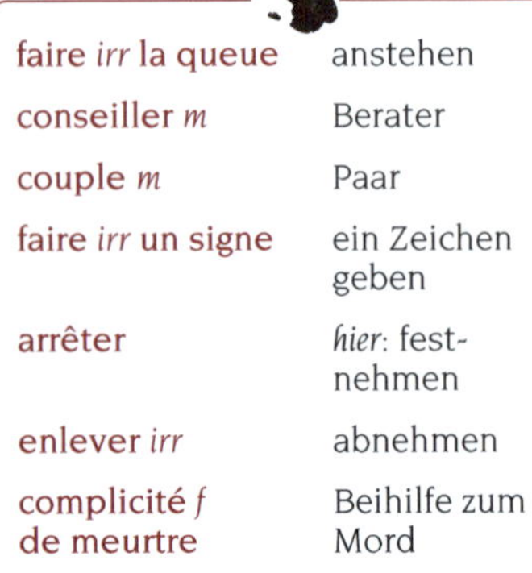

faire *irr* la queue	anstehen
conseiller *m*	Berater
couple *m*	Paar
faire *irr* un signe	ein Zeichen geben
arrêter	*hier*: festnehmen
enlever *irr*	abnehmen
complicité *f* de meurtre	Beihilfe zum Mord

Elsa regarde autour d'elle : ils sont assis dans le hall d'une grande banque parisienne. Il y a des clients qui **font la queue** au guichet, d'autres ont un rendez-vous avec un **conseiller**. Bientôt, un **couple** arrive. Il a rendez-vous avec le directeur. Elsa reconnaît l'homme : c'est celui de l'hôtel d'Ajaccio !

« Les voilà ! » dit le commandant Lafitte à ses hommes.

En effet, il y a des policiers en civil dans toute la banque. Le rendez-vous du couple avec le directeur dure une demi-heure. Quand il sort, le directeur **fait un signe** au commandant. Aussitôt, les policiers **arrêtent** le couple.

« Mais qu'est-ce que vous faites ? » demande la femme, qui est brune.

Elsa reconnaît cette voix. Le directeur de la banque dit alors :

« Madame et Monsieur Valence, je suis désolé.

– Mais c'est moi, Elsa Valence ! »

Le commandant Lafitte s'approche de la femme. Il lui **enlève** sa perruque et ses lunettes de soleil.

« Caroline Leroux, dit le policier, je vous arrête pour détournement de fonds et **complicité de meurtre**. »

Elsa est choquée.

« Caroline ?

– Mais pourquoi ?

– Plusieurs millions, plusieurs millions, ma chérie !

– Alors c'était un piège… »

Exercice 14 : Définitions. **Finden Sie im vorherigen Abschnitt die gesuchten Begriffe!**

1. Dans une relation commerciale, c'est le contraire du vendeur : le _client_.

2. C'est la personne qui aide le criminel : le ____________________.

3. C'est une sorte de journal spécialisé : le ____________________.

4. C'est l'endroit où on fait ses courses : ____________________.

Nous sommes jeudi, dans le bureau du nouveau PDG de PIFI. Il s'appelle… Georges Larivière ! Il y a Elsa, Georges Larivière et le commandant Lafitte. Le policier explique toute l'histoire :

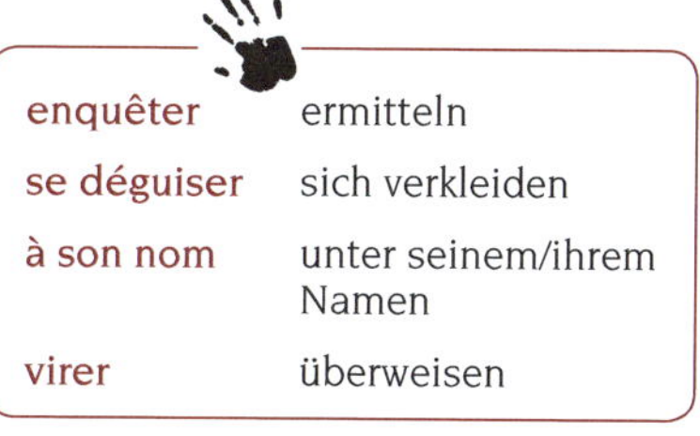

enquêter	ermitteln
se déguiser	sich verkleiden
à son nom	unter seinem/ihrem Namen
virer	überweisen

« Nous sommes au début de l'année : Caroline Leroux vole l'argent de PIFI. Mais la police **enquête**. Alors elle fait croire que c'est vous, Monsieur Larivière. Mais elle ne sait pas où mettre l'argent. Elle prépare alors un piège pour Elsa : elle **se déguise** et ouvre un compte en Suisse **à son nom**. Puis elle y **vire** l'argent. Mais le groupe PIFI décide de signer un contrat avec Jacques Mattei. Et il a besoin de l'argent. Et la police continue son enquête. Caroline Leroux

accuser	beschuldigen
pirater	hacken
rechercher	suchen
réunion *f*	Meeting
seulement	*hier*: erst
faire *irr* de la voile	segeln

fait donc **accuser** Elsa du détournement de fonds. Son complice **pirate** l'ordinateur d'Elsa. Et nous avons retrouvé sa trace. Quand nous arrivons dans sa chambre d'hôtel, à Ajaccio, il est déjà parti. Nous comprenons que Caroline Leroux a menti. Nous **recherchons** donc tous les comptes ouverts au nom d'Elsa Valence. Et nous en trouvons un dans une grande banque, à Paris. Et sur ce compte, il y a plusieurs dizaines de millions d'euros. Ils ont été virés depuis une banque suisse… Nous attendons donc que Caroline Leroux et son complice viennent chercher l'argent. Et nous les arrêtons.

– Mademoiselle Valence et moi vous remercions, commandant Lafitte. Elsa, nous nous voyons demain pour la **réunion** ? »

Elsa sourit.

« **Seulement** le mois prochain, Monsieur. Je prends trois semaines de vacances. »

Georges Larivière est surpris.

« Vous ? Vous prenez trois semaines de vacances ? Et que… ?

– Je vais en Corse, à Ajaccio.

– Vous voulez retourner en Corse ?

– Oui, Marc… Euh, le commandant Lafitte, et moi, nous allons **faire de la voile**. »

Le PDG de PIFI murmure :

« Ah, le charme de l'Île de Beauté… »

Disparition en Polynésie

Dr. Marc Blancher

En route pour Tahiti !

Nous sommes à Paris, fin juin, dans les bureaux d'un grand journal. Virginie Daleux vient d'arriver. Elle a vingt-neuf ans. Elle travaille pour le journal depuis quatre ans. C'est une jeune femme aux cheveux châtains bouclés et aux yeux marron. Elle a l'air très jeune et a un look alternatif. Sa spécialité : les enquêtes sur des sujets de société. Elle travaille normalement avec son collègue Franck Charrier mais…

Lucie, l'assistante du rédacteur en chef, pleure.

en route *f* pour	auf nach …
venir *irr* de faire qc	etw. gerade gemacht haben
châtain	kastanienbraun
marron	braun
avoir *irr* l'air	aussehen, wirken
enquête *f*	Ermittlung
pleurer	weinen
nouvelle *f*	Nachricht
faire *irr* non de la tête	den Kopf schütteln
chauve	kahl

« Pas de nouvelles ? » lui demande Virginie.

Lucie fait non de la tête.

Alors Virginie entre dans le bureau du rédacteur en chef. C'est un homme de cinquante ou cinquante-cinq ans. Il est petit et gros et un peu chauve. Il porte un costume avec une cravate détachée. C'est un homme très nerveux et pas toujours sympathique.

« Daleux ! Qu'est-ce que vous me voulez ?

– Il n'y a toujours pas de nouvelle, Monsieur ?
– Rien. La gendarmerie va bientôt arrêter les recherches.
– Ce n'est pas possible ! On ne peut pas l'abandonner !
– Écoutez, Daleux, je suis aussi triste que vous, mais nous ne pouvons rien faire ! Franck Charrier est officiellement porté disparu.
– Mais Monsieur...
– Daleux ! »

Le rédacteur en chef voit des larmes dans les yeux de Virginie. Il se calme.

« Asseyez-vous ! »

Virginie s'assoit. Le rédacteur en chef ne dit rien. Il réfléchit. Puis il dit :

« Daleux, vous êtes déjà allée à Tahiti ?
– Non, Monsieur, je...
– Nous avons un bureau là-bas. Mais personne pour continuer son enquête, alors... »

gendarmerie *f*	Polizei (Einheit der Armee)
arrêter	*hier*: unterbrechen
recherches *f pl*	*hier*: Suchaktion
abandonner	*hier*: im Stich lassen
être *irr* porté disparu	als vermisst gemeldet sein
larme *f*	Träne
se calmer	sich beruhigen
s'asseoir *irr*	sich hinsetzen
réfléchir	überlegen
continuer	fortführen, weitermachen
faire *irr* ses bagages	seine Koffer packen
sourire *irr*	lächeln

Virginie comprend. Elle est très contente.

« Je vais dire à Lucie de réserver votre billet d'avion et votre chambre d'hôtel. Rentrez chez vous faire vos bagages, vous partez lundi.
– C'est vrai ? Merci, Monsieur ! Je vous remercie, vraiment... ! »

Quand Virginie sort, le rédacteur en chef sourit. La jeune

femme va à son bureau. Sur la table, elle a une photo de Franck et elle, pendant un reportage aux **États-Unis**.

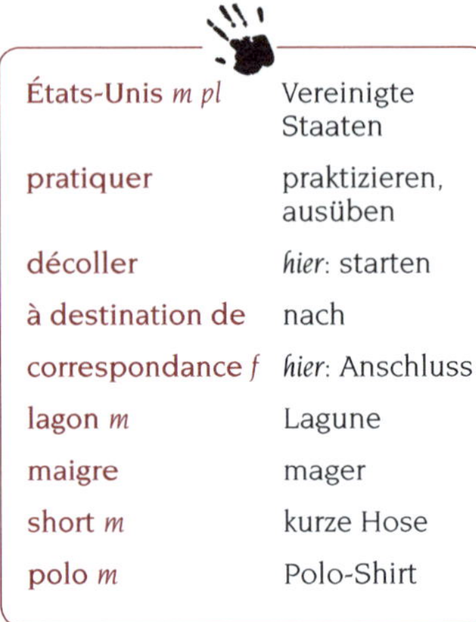

États-Unis *m pl*	Vereinigte Staaten
pratiquer	praktizieren, ausüben
décoller	*hier*: starten
à destination de	nach
correspondance *f*	*hier*: Anschluss
lagon *m*	Lagune
maigre	mager
short *m*	kurze Hose
polo *m*	Polo-Shirt

Virginie et Franck se connaissent depuis l'école de journalisme. Ils ont les mêmes passions. Franck sourit toujours. C'est un homme grand, aux cheveux bruns et aux yeux bleus. Il porte toujours une barbe de trois jours. Et il est très sportif : il **pratique** le tennis, le surf et la voile.

Le lundi à dix heures trente, l'avion de Virginie **décolle** de l'aéroport de Paris-Charles-De-Gaulle **à destination de** Los Angeles, aux États-Unis. Il y arrive à treize heures, heure locale. Puis, à 15 h 30, Virginie prend une **correspondance** pour l'aéroport Faa'a de Tahiti, où elle arrive à 21 h 00. Le vol[i] a duré vingt-deux heures et trente-cinq minutes !

L'aéroport est situé à côté d'un **lagon**. Quand elle arrive dans le hall de l'aéroport, un homme l'attend.

« Mademoiselle Daleux ! Mademoiselle Daleux ! »

C'est un homme très grand, **maigre**, aux cheveux blonds

> i: Vorsicht! Doppelte Bedeutung bzw. *faux ami*! Das Wort *vol* bedeutet im Französischen sowohl „Flug" als auch „Diebstahl". Die genaue Bedeutung ist immer dem Zusammenhang zu entnehmen. In diesem Fall bedeutet es natürlich „Flug".

et avec de petits yeux noirs. Il porte un short, un polo et des baskets. Il lui tend la main.
« Je me présente : Kévin Flavion, de la rédaction locale. Votre rédacteur en chef à Paris nous a dit que vous arriviez auhourd'hui. Je peux vous aider ? »

baskets *f pl*	Sportschuhe
tendre *irr* la main à qn	jmd. die Hand geben
poli	höflich
accompagner	begleiten
à propos de	über
surpris	überrascht
têtu	stur
bavard	gesprächig
trajet *m*	Fahrt

Très poli, Kévin Flavion prend les bagages de Virginie.
« Je suis en voiture. Je vous accompagne à votre hôtel ?
– Il y a du nouveau à propos de Franck ?
– Fr... ? Franck Charrier ? Non, la gendarmerie ne l'a toujours pas retrouvé.
– Alors, on y va !
– On va où ?
– Chercher Franck ! »
Kévin Flavion est très surpris.
« À presque vingt-deux heures ? Vous voulez déjà reprendre l'avion ? Il n'y aura pas de vol pour les Tuamotu avant demain. »
Virginie n'est pas contente.
« Très bien ! Alors à la gendarmerie !
– À cette heure-ci ? »
Kévin Flavion comprend que Virginie est très têtue. Impossible qu'elle change d'avis !
Kévin Flavion est très bavard. Pendant le trajet, il parle tout le temps : il veut montrer la ville à Virginie. Et il lui

pose beaucoup de questions sur Franck. Mais Virginie ne répond pas vraiment. Et elle n'a pas envie de visiter la ville. Elle veut absolument retrouver Franck : Franck est son meilleur ami et elle est certaine qu'il n'est pas mort.

Exercice 1 : Vrai ou faux ? Welche Aussagen sind korrekt? Markieren Sie mit richtig ✔ oder falsch – !

1. Virginie a un look classique. ❐
2. Son rédacteur en chef lui dit d'aller à Tahiti. ❐
3. Le vol de Virginie a duré douze heures et trente-cinq minutes. ❐
4. Virginie veut aller tout de suite à la gendarmerie. ❐

Bientôt, la jeep de Kévin Flavion se gare devant la caserne de Bruat, avenue Pouvana'a O'opa. Virginie Daleux et Kévin Flavion montrent leur carte de presse pour pouvoir entrer. Il est très tard et l'officier n'est pas de bonne humeur. C'est le capitaine Gustave Lebrecq. Il dirige les recherches pour retrouver Franck Charrier.

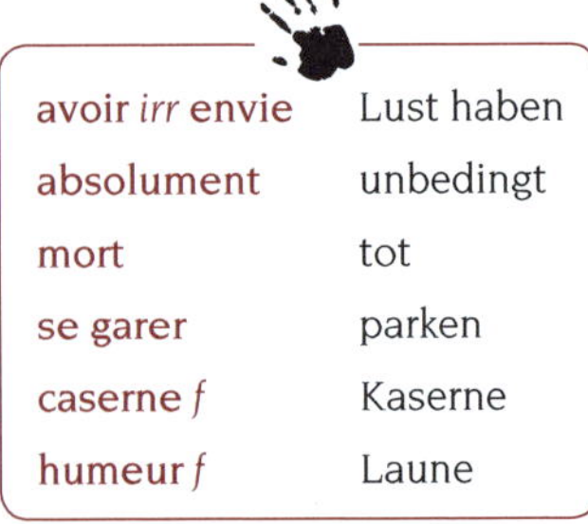

avoir *irr* envie	Lust haben
absolument	unbedingt
mort	tot
se garer	parken
caserne *f*	Kaserne
humeur *f*	Laune

« Vous venez d'arriver de Paris, c'est ça ? »
Virginie dit « oui ».
« Et qu'est-ce que vous venez faire en Polynésie ?
– Je veux vous aider à retrouver mon ami. »
Cette idée ne plaît pas beaucoup à l'officier de gendarmerie.

« Écoutez, Mademoiselle Daleux, la gendarmerie n'arrive pas à le retrouver. Je suis désolé, mais je pense que votre ami est…
– Non ! Franck n'est pas mort ! »
Kévin Flavion **défend** Virginie. Il dit au capitaine :
« Vous êtes **obligé** de dire cela ?
– Je veux être **honnête**. Les recherches vont recommencer demain matin. Mais il n'y a presque plus d'espoir. Ce matin, nous avons retrouvé des **morceaux** de son bateau.
– Mon Dieu, non ! »
Une demi-heure plus tard, Kévin Flavion conduit Virginie à son hôtel. Il porte ses bagages jusqu'à la réception.
« Tout va bien ? lui demande-t-il.
– Oui, ça va. Je vous remercie, Kévin. Merci pour tout.
– Je vous en prie. Qu'est-ce que vous allez faire maintenant ?
– Demain matin, je vais aller au journal.
– Si vous voulez, je vous accompagnerai[i]. D'accord ?
– D'accord, merci beaucoup. Bonsoir !
– Bonsoir ! »
Le **lendemain** matin, Virginie **se réveille** seulement à huit heures. Elle est encore très fatiguée après son long

défendre *irr*	verteidigen; schützen
obliger *irr*	zwingen
honnête	ehrlich
morceau *m*	Stück
le lendemain *m*	am nächsten Tag
se réveiller	aufwachen

Im Französischen drückt man bevorstehende Handlungen mit dem Futur simple aus. Für alle Verben auf *-er* hängt man folgende Endungen an den Infinitiv an: -ai, -as, -a, -ons, -ez und -ont. Die einzige Ausnahme bildet das Verb *aller*, dessen Stamm zu *-ir* wird: „Ich werde gehen" heißt dementsprechend *j'irai.*

voyage en avion. Elle prend une douche puis descend prendre son petit déjeuner. Elle a pris une carte de la Polynésie française. Il y a cinq archipels et cent dix-huit îles ! Franck a disparu dans l'archipel des Tuamotu, qui est situé dans le sud-ouest de la Polynésie. Elle est en train de regarder la carte, quand une voix dit :

Exercice 2: Futur simple. Setzen Sie die Verbformen ins Futur simple! Richten Sie sich dabei nach dem Infokasten.

1. Je mange *Je mangerai*
2. Tu parles ____________
3. Elle va ____________
4. Ils pensent ____________

archipel *m*	Archipel
disparaître *irr*	verschwinden
rougir	erröten
courir *irr*	laufen, rennen
plage *f*	Strand
commander	*hier*: bestellen

« Bonjour ! »
C'est Kévin Flavion. Il sourit à Virginie. Elle rougit.
« Oh, Bonjour. Vous… ? Vous m'attendez depuis longtemps ?
– Non, je viens d'arriver.
– Vous avez déjà pris votre petit déjeuner ?
– Oui, mais c'était déjà il y a trois heures. Je me lève toujours tôt et je vais courir sur la plage. »
Virginie aime beaucoup Kévin Flavion. Elle commande un deuxième petit déjeuner pour lui.

« Qu'est-ce que vous faites ? lui demande-t-il.
– La Polynésie française est **immense**, dit Virginie.
– Oui, en effet. Je crois qu'il y a cent vingt îles.
– Cent dix-huit exactement, corrige Virginie.
– Je suis **impressionné** ! » dit Kévin.
Virginie rougit une nouvelle fois.
« Je… Je lis beaucoup, explique-t-elle. Vous… ? Vous êtes polynésien ?
– Moi ? Non, pas du tout : je suis né en Normandie. Je vis à Papeete depuis le début de l'année.
– Et pourquoi la Polynésie ?
– J'avais envie de changer. »

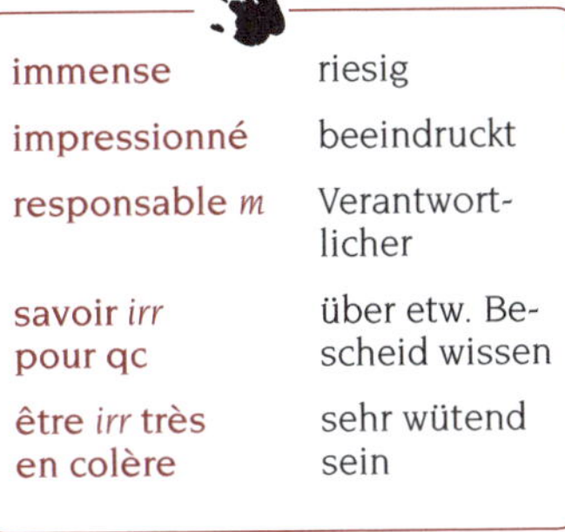

immense	riesig
impressionné	beeindruckt
responsable *m*	Verantwortlicher
savoir *irr* pour qc	über etw. Bescheid wissen
être *irr* très en colère	sehr wütend sein

Vers dix heures le même matin, Virginie et Kévin entrent dans les bureaux du journal. La **responsable** de la rédaction locale est dans son bureau.
« Je **sais pour** les morceaux du bateau, dit-elle. Je suis vraiment désolée. J'aimais beaucoup Franck et… »
Virginie **est très en colère**.
« Franck n'est pas mort ! Je ne le crois pas ! Ce n'est pas possible !
– Écoutez[i], Virginie, je comprends, mais il n'y a presque aucune chance de…
– Franck faisait une enquête : vous savez sur quoi ?

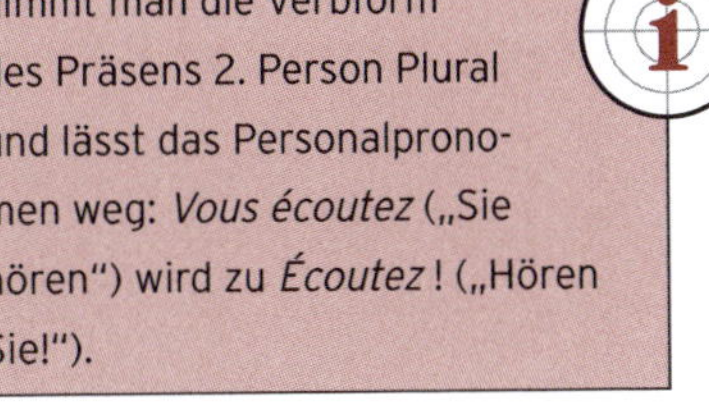

Um den Imperativ zu bilden, nimmt man die Verbform des Präsens 2. Person Plural und lässt das Personalpronomen weg: *Vous écoutez* („Sie hören") wird zu *Écoutez* ! („Hören Sie!").

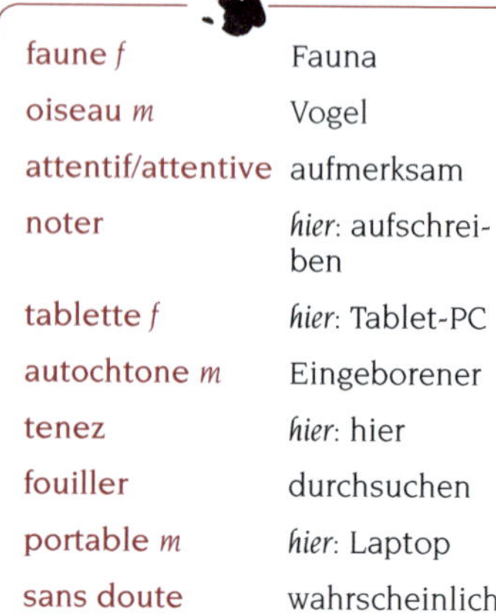

faune *f*	Fauna
oiseau *m*	Vogel
attentif/attentive	aufmerksam
noter	*hier*: aufschreiben
tablette *f*	*hier*: Tablet-PC
autochtone *m*	Eingeborener
tenez	*hier*: hier
fouiller	durchsuchen
portable *m*	*hier*: Laptop
sans doute	wahrscheinlich

– Je sais seulement qu'il s'intéressait aux îles et aux atolls des Tuamotu.

– Et plus précisément ?

– Je n'en sais pas plus. Il a rencontré beaucoup de biologistes spécialistes de la **faune** des Tuamotu. À propos d'**oiseaux**, je crois…

– Des oiseaux ? Ce n'est pas sérieux ! » dit Kévin Flavion.

Virginie, elle, est très **attentive**. Elle **note** tout sur sa **tablette**.

« Je sais qu'il faisait ses recherches avec deux **autochtones**, Avi et sa sœur Manuiti. Avi a un bateau pour les touristes. Et Manuiti est guide touristique. **Tenez**, voici leurs coordonnées. Vous pouvez les appeler et…

– Non, je ne vais pas les appeler. J'y vais. Si Franck avait un sujet de reportage, je dois savoir quoi.

– Très bien, alors la rédaction locale va vous aider. Kévin, vous allez avec Virginie.

– Très bien. »

Bientôt, Virginie et Kévin **fouillent** le bureau de Franck.

« Vous trouvez quelque chose ?

– Non, et vous ?

– Non, rien.

– Son **portable** n'est pas ici ?

– Non, il l'avait **sans doute** avec lui. Et dans son PC ?

– Il n'y a rien d'intéressant, regardez… »

2 Virginie n'abandonne pas

Virginie et Kévin **ont besoin de** deux heures pour lire tous les **fichiers** de Franck. Les fichiers sur l'atoll aux oiseaux sont les plus intéressants. Virginie les **enregistre** sur une **clé USB**.

avoir *irr* **besoin de qc**	etwas brauchen
fichier *m*	Datei
enregistrer	speichern
clé *f* **USB**	USB-Stick
reportage *irr* **animalier**	Tier-Dokumentation

« Pourquoi est-ce que Franck travaillait sur cet atoll ? demande Virginie.

– Je ne sais pas, répond Kévin. Peut-être pour un **reportage animalier**.

– Franck ne faisait pas de reportages animaliers. Il travaillait sur des sujets économiques, politiques ou de société.

– Écoutez, Virginie, dit alors Kévin, il faut que je vous parle…

– Je vous écoute.

– Non, pas ici. Je vous invite à déjeuner. Je connais un excellent restaurant sur la plage de…

– Mademoiselle Daleux ! »

C'est la responsable de la rédaction locale. Elle donne deux billets d'avion à Virginie et à Kévin.

« Voilà, départ cet après-midi pour les Tuamotu. Et retour demain en fin d'après-midi.

– Je vous remercie, dit Virginie.
– Je vous en prie. J'aimais beaucoup Franck. »
La responsable de la rédaction locale comprend qu'elle a fait une maladresse. Elle a parlé de Franck au passé. On peut avoir l'impression qu'il est mort.

Exercice 3 : Les accords. Verbinden Sie die folgenden Satzteile und achten Sie dabei auf die Angleichung!

1. ☐ Kévin, vous — **a)** ne vais pas les appeler.
2. ☐ Son portable — **b)** fouillent le bureau de Franck.
3. ☐ Je — **c)** allez avec Virginie.
4. ☐ Ils — **d)** a un bateau pour les touristes.
5. ☐ Avi — **e)** n'est pas ici ?

Virginie sort des bureaux de la rédaction locale. Elle a des larmes dans les yeux. Kévin le remarque. Il lui tend un mouchoir en papier.
« Tenez ! »
Virginie est surprise.
« Vous pleurez. »
Virginie est fâchée.
« Non, je ne pleure pas. »
Kévin Flavion sourit. Et Virginie accepte le mouchoir.
« Merci… Vous… Vous vouliez me dire quelque chose ?
– Allons déjeuner ! »

maladresse *f*	Ungeschicklichkeit
remarquer	bemerken
tendre *irr*	*hier*: reichen
mouchoir *m*	Taschentuch
fâché	böse, sauer

Il est environ midi et demie. Virginie et Kévin sont installés à la terrasse d'un restaurant local, Le Lagon Bleu. La terrasse est sur une plage, **au bord de** l'eau. Virginie est debout[i]. Elle **admire** le **paysage**.

« Cet **endroit** est **superbe** ! »

Kévin Flavion est content : il a trouvé un endroit qui plaît à Virginie. Bientôt, ils commandent. Et Kévin demande à Virginie :

au bord *m* de	*hier*: am
admirer	bewundern
paysage *m*	Landschaft
endroit *m*	Ort
superbe	wunderschön
ϟ Hein ?	Was?

« Excusez-moi, Virginie, mais est-ce que Franck et vous, vous… ?

Kévin Flavion rougit.

« Si nous sommes ensemble ? Non, pas du tout. Nous sommes amis depuis l'école de journalisme. Seulement amis. »

Virginie pense que Kévin Flavion s'intéresse à elle. Mais il dit :

« Alors je peux vous le dire : je crois savoir pourquoi Franck a disparu.

– **Hein** ? »

Virginie est très surprise.

« Vous avez entendu parler de cette Manuiti.

– La guide ? Oui, tout à l'heure…

– Ils sont un… »

Die deutschen Verben „liegen", „sitzen" und „stehen" lassen sich auf Französisch nicht mit einem Verb wiedergeben, sondern werden mit einer Konstruktion mit *être* + Partizip/Adverb übersetzt:

liegen → être allongé(e)/être couché(e)

sitzen → être assis(e)

stehen → être debout

Exercice 4 : Devinette. Ergänzen Sie das Rätsel, um herauszufinden, was Manuiti und Franck sind.
Ils forment un...

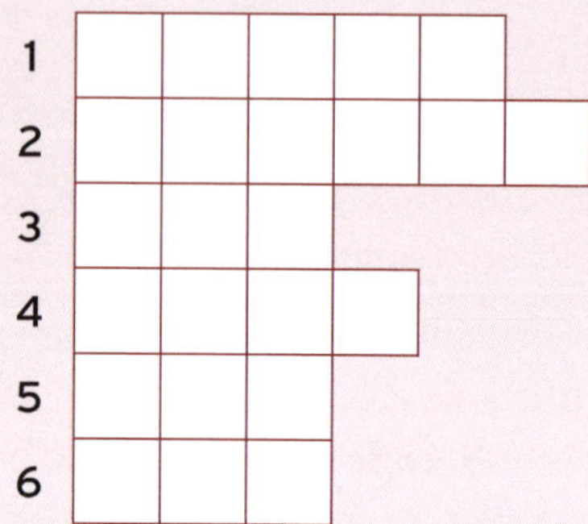

1. *croire* : je...
2. Vogel
3. Virginie utilise une clé...
4. „Bitteschön" auf Französisch : je vous en...
5. der bestimmte Artikel im Plural
6. le printemps, l'..., l'automne, l'hiver

Lösung: _ _ _ _ _ _

Virginie est surprise.

« Qui ?

– Franck et elle.

– Comment le savez-vous ?

– C'est un collègue de la rédaction qui m'en a parlé.

– Et alors ?

– Et alors ? Peut-être que Franck a voulu changer de vie. Cela arrive souvent, vous savez.

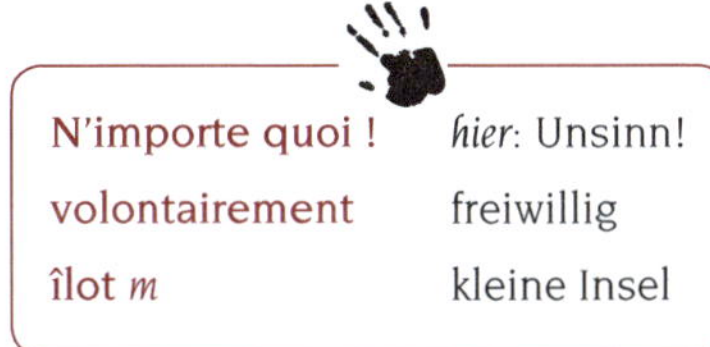

N'importe quoi !	*hier*: Unsinn!
volontairement	freiwillig
îlot *m*	kleine Insel

– N'importe quoi ! Pas Franck ! »
À quatorze heures, Virginie et Kévin prennent l'avion pour l'archipel des Tuamotu. Virginie ne parle pas beaucoup. Elle est fâchée à cause de Kévin. Elle ne croit pas que Franck a disparu volontairement.
Bientôt, ils sont au village de Tuherahera. Sur l'îlot, il y a aussi l'aéroport et le port. Au port, il y a le bateau d'Avi et de sa sœur Manuiti. Le bateau s'appelle la Manavi. Avi est un grand Polynésien. C'est un homme d'un mètre quatre-vingt-dix et de quatre-vingt-dix kilos. Il est très musclé. Virginie se présente :
« Bonjour, je suis une amie de Franck Charrier.
– Et alors ? »
L'homme n'est pas content de voir Virginie.
« C'est avec vous qu'il travaillait, n'est-ce pas ?
– Peut-être.
– Je sais qu'il travaillait avec vous.

Exercice 5 : Trouvez l'intrus. Welches Wort ist das „schwarze Schaf"? Unterstreichen Sie!

1. parler demander rougir répondre
2. restaurant avion commander serveur
3. voyage bateau train avion
4. Tahiti La Réunion Mayotte Hawaï

– Et alors ?
– Vous savez où son bateau a disparu ?
– Oui. »
Avi n'a pas envie de parler. Une jeune femme apparaît sur le pont de la Manavi.
« Vous êtes des amis de Franck ?
– Oui, je m'appelle Virginie Daleux. Et voici mon collègue Kévin Flavion. Vous êtes Manuiti ?
– Oui, et c'est mon frère Avi. »
Avi va travailler à l'avant du bateau. Il regarde Virginie et Kévin méchamment.
« Il faut l'excuser, explique Manuiti, mais cette histoire est très mauvaise pour les affaires. Beaucoup de touristes ont peur. Ils pensent que les atolls des Tuamotu sont dangereux et…
– Mais ils sont dangereux ! dit Avi.
– Est-ce que vous pouvez nous conduire là où le bateau de Franck a disparu, s'il vous plaît ?
– Non ! »
Avi est très clair. Mais Manuiti n'est pas de son avis.
« On doit les aider, Avi.
– Hors de question !
– Écoutez, explique Virginie, Franck est mon ami et je veux le retrouver ! Si vous ne m'aidez pas, je vais y aller toute seule.

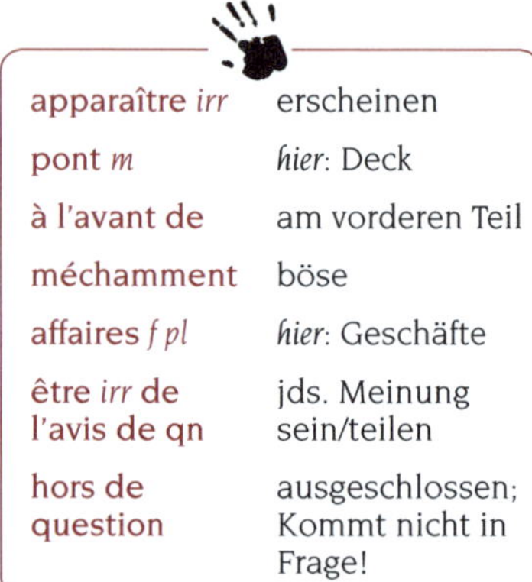

apparaître *irr*	erscheinen
pont *m*	*hier*: Deck
à l'avant de	am vorderen Teil
méchamment	böse
affaires *f pl*	*hier*: Geschäfte
être *irr* de l'avis de qn	jds. Meinung sein/teilen
hors de question	ausgeschlossen; Kommt nicht in Frage!

– Moi, dit Kévin Flavion, je viens avec vous.

– Toute seule ? Les atolls des Tuamotu ont des **récifs**. Vous allez **vous échouer**... ou mourir, comme Franck ! Alors on vous **emmène** ! Départ dans une demi-heure ! »

récif *m*	Riff
s'échouer	untergehen
emmener *irr*	mitnehmen
port *m*	Hafen
compter	zählen

Exercice 6 : Le présent. Lesen Sie die Beschreibung der Fahrt und setzen Sie dabei die Verben ins Präsens!

Il est quinze heures trente quand la Manavi **1.** verlassen *quitte* le **port**. Avi **2.** sein ____________ aux commandes. Kévin Flavion **3.** sprechen ________________ avec Manuiti. Pendant ce temps, Virginie, seule, **4.** nehmen ____________ le temps de réfléchir et elle se dit : la seule chose qui **compte**, c'est de retrouver Franck !

3 L'atoll aux oiseaux

Le voyage en bateau dure une heure. Kévin Flavion est dans la cabine avec Avi. Manuiti est maintenant à côté de Virginie.

« Vous êtes inquiète ? » demande Manuiti.

Virginie ne répond pas. Elle regarde l'océan.

« Et vous ? »

Manuiti est surprise.

« Pourquoi cette question ? »

Virginie sourit.

« Vous savez, Manuiti, je suis journaliste et… »

Manuiti ne comprend pas.

« J'ai le sens de l'observation. Vous l'aimiez ?

– Je l'aime, corrige Manuiti, je l'aime. »

Virginie fait la grimace.

« Qu'est-ce que vous cachez, Manuiti ? »

Manuiti tourne la tête.

« Rien. Je ne cache rien.

– Il y a deux possibilités : soit vous savez où est Franck, soit vous mentez et vous ne l'aimez pas. »

Manuiti est très en colère. Elle crie :

inquiet	besorgt
avoir *irr* le sens de l'observation	einen guten Beobachtungssinn haben
cacher	verstecken
tourner la tête	den Kopf drehen
possibilité *f*	Möglichkeit
soit… soit…	entweder… oder…
mentir *irr*	lügen

« Je ne mens pas ! J'aime Franck ! »
Puis elle se calme.
« Je sais que vous êtes son amie et vous...
– Tout va bien ? »
C'est Kévin Flavion. Il est maintenant à côté des deux jeunes femmes. Manuiti est embarrassée. Elle change de sujet :
« Je... Je vais voir mon frère. Nous allons bientôt arriver près de l'atoll. »
Maintenant, Virginie, Manuiti, Avi et Kévin Flavion sont sur l'atoll.
« C'est magnifique ! » dit Kévin Flavion.
Virginie, elle, ne regarde pas le paysage.
« Où était le bateau de Franck ? »
Avi ne parle pas beaucoup. Il lui fait un signe.
Virginie va dans l'eau. Sur la plage, on voit encore des morceaux de bateau.

crier *irr*	schreien
se calmer	sich beruhigen
embarrassé	verlegen
changer *irr*	wechseln
magnifique	wunderschön
faire *irr* un signe	ein Zeichen geben

Exercice 7 : Les articles. Verbinden Sie die Substantive mit dem richtigen Artikel!

1. ☐ avion — **a)** la

2. ☐ bateau — **b)** l'

3. ☐ bus — **c)** le

4. ☐ voiture — **d)** le

trop loin	zu weit
toujours	*hier*: immer noch
poser des questions	Fragen stellen
trouver *f*	finden
aider	helfen
départ *m*	Abfahrt
patrimoine *m*	*hier*: Naturerbe
presque	fast

« Mon Dieu ! »

Kévin Flavion est inquiet. Il crie :

« Virginie ! Vous allez **trop loin** ! »

Pendant ce temps, Avi et Manuiti sont sur la plage.

« Je dois parler à Virginie. » dit Manuiti.

Avi n'est pas content. Il dit à sa sœur :

« Non ! Tu ne lui parleras pas !

– Mais, Avi, elle…

– Tu ne lui parleras pas et tu sais pourquoi. »

Virginie est **toujours** dans l'eau. Kévin Flavion lui **pose des questions** :

« Vous **trouvez** quelque chose ?

– Seulement des restes de son bateau ! Rien d'intéressant !

– Vous voulez que je vous **aide** ?

– Non, merci ! »

Une heure plus tard, ils sont tous sur le bateau d'Avi. Avi prépare le **départ**. Kévin Flavion lui dit :

« Il n'y a pas d'oiseaux sur cet atoll ?

– Pourquoi cette question ?

– J'ai entendu parler de ce projet immobilier et…

– Et quoi ? Cet atoll, c'est notre **patrimoine** ! Nous ne voulons pas de projet immobilier !

– Je suis désolé. »

Il est **presque** vingt-trois heures. Virginie arrive à l'hôtel. Kévin Flavion l'accompagne en taxi.

« Virginie, je vous invite à dîner. »
Virginie réfléchit un instant.
« Non, je suis désolée. Il est déjà tard et je suis très fatiguée. Je préfère aller dormir. »
Kévin Flavion est déçu.
« Vous venez demain matin pour le petit déjeuner ?
– D'accord, à demain ! »
Virginie prend sa clé à la réception. Quand elle arrive dans sa chambre, un jeune Tahitien l'attend.
« Virginie Daleux ?
– Oui, que… ? »
Le jeune homme lui donne un objet. C'est une enveloppe.
« Regardez les photos. Et ne faites confiance à personne.
– Attendez, je… »
Mais il est trop tard. Le jeune homme disparaît.
Virginie rentre dans sa chambre. Elle ferme la porte à clé. Elle s'assied au bureau et allume la lampe.

un instant	einen Augenblick
préférer *irr*	bevorzugen, lieber mögen
dormir *irr*	schlafen
déçu	enttäuscht
clé *f*	Schlüssel
enveloppe *f*	Umschlag
faire *irr* confiance	vertrauen
fermer à clé	zuschließen
allumer	anschalten
mot *m*	*hier*: Nachricht
lire *irr*	lesen
écriture *f*	Schrift

Dans l'enveloppe, il y a beaucoup de photos. Ce sont des photos de l'atoll. Il y a aussi une carte et un petit mot… Sur le mot, elle lit : « Tout est sur les photos. Les originaux sont sur un CD-ROM qui est caché. » Virginie ne connaît pas l'écriture.

Exercice 8 : Vocabulaire informatique. Ergänzen Sie den folgenden Textabschnitt mit dem EDV-Wortschatz!

souris | portable | télécharge | sites | Internet | surfer

Virginie allume son ordinateur **1.** ____________________.

Elle **utilise** la **2.** ______________________________ pour

3. ____________________ sur **4.** ____________________.

Elle regarde des **5.** ______________________ qui parlent

de l'atoll. Elle **6.** _______________________ beaucoup de

documents intéressants.

Le lendemain, Virginie et Kévin Flavion prennent leur petit déjeuner ensemble. Puis Virginie dit :

« Je vais **retourner** sur l'atoll.

– Pourquoi ?

– Une **intuition**.

– Je viens avec vous.

– Non ! »

Kévin est très surpris. Alors il dit :

« Virginie, le rédacteur en chef veut que je **veille** sur vous, alors je viens.

– Bon, d'accord… »

Quelques heures plus tard, ils sont au port, près de la

utiliser	benutzen
retourner	zurückgehen; zurückkehren
intuition *f*	Intuition
veiller sur qn	*hier*: jmd. unter seine Obhut nehmen

louer	*hier*: mieten
permis *m*	*hier*: Fahrerlaubnis
naufrage *m*	Schiffbruch
découvrir *irr*	entdecken

Manuvi. Avi et Manuiti sont là.
« Bonjour ! » dit Virginie.
Avi et Manuiti ne sont pas très contents de les voir.
« Qu'est-ce que vous voulez ? » demande Manuiti.
Virginie explique qu'elle veut aller sur l'atoll. Mais Avi n'est pas d'accord.
« Nous n'avons pas le temps. Nous travaillons toute la journée. »
Virginie ne comprend pas.
« Venez, dit Kévin Flavion, nous allons prendre un autre bateau. »
Kévin Flavion loue alors un bateau.
« Vous avez un permis ? demande Virginie.
– Non. Mais ici, personne ne demande. »
Virginie veut retrouver Franck. Alors elle accepte. Elle part sur l'atoll avec Kévin Flavion. Après une heure de voyage, ils arrivent. Ils vont ensemble à l'endroit du naufrage.
« Qu'est-ce que nous cherchons ? demande Kévin Flavion.
– Je ne sais pas encore… »
Virginie a les photos qu'on lui a données. Elle réfléchit. Elle doit découvrir où les photos ont été prises. Kévin Flavion lui demande :
« Je peux en prendre une ou deux ?
– Oui, bien sûr. »
Virginie est maintenant d'un côté de l'atoll. Kévin Flavion est de l'autre. Virginie cherche beaucoup. Et Kévin Flavion aussi. Mais ils ne trouvent rien.

« J'ai regardé devant et derrière l'îlot. Rien. Et vous ?
– J'ai regardé sur l'îlot et sous les débris. Rien non plus.
– Nous rentrons ? »

Exercice 9 : Les prépositions. Ergänzen Sie!

sur (2x) | sous | devant | à côté d' | derrière

1. Virginie part __________ l'atoll avec Kevin Flavion.
2. L'aéroport Faa'a est situé __________ un lagon.
3. Elle a regardé __________ et __________ l'îlot.
4. Ils ont cherché partout : __________ l'îlot et __________ les **débris**.

Virginie est désespérée. Mais elle accepte.
« D'accord, rentrons. Je veux parler à Avi et à Manuiti.
– Pourquoi ?
– Je pense que… Non, rien. Partons ! »
Une heure plus tard, le bateau est presque au port. Virginie a pris des photos sur l'atoll. Et elle veut les regarder. Mais son **appareil** n'a plus de **batterie**.
« Kévin ? Je peux prendre votre appareil ? »
Dans la cabine, Kévin ne l'**entend** pas. Alors Virginie prend son appareil-photo. Elle

débris *m pl*	Trümmer
appareil *m*	*hier*: Foto-Apparat
batterie *f*	*hier*: Akku
entendre *irr*	hören
vérifier *irr*	überprüfen, checken

l'allume pour **vérifier** la batterie. Il y a des photos **sur la carte mémoire**. Et ce sont des photos de…

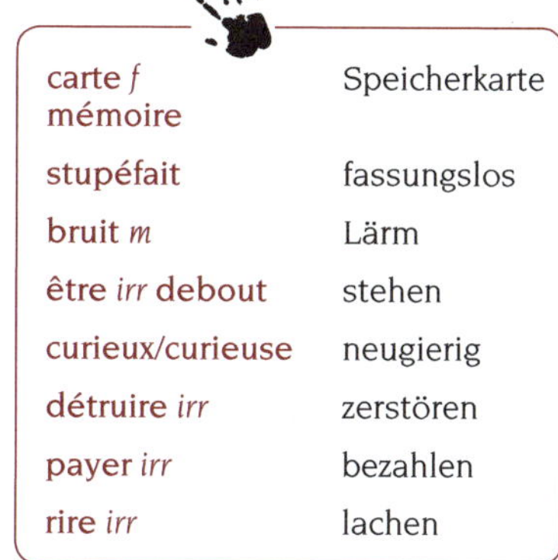

carte *f* **mémoire**	Speicherkarte
stupéfait	fassungslos
bruit *m*	Lärm
être *irr* **debout**	stehen
curieux/curieuse	neugierig
détruire *irr*	zerstören
payer *irr*	bezahlen
rire *irr*	lachen

« Franck ! »

Virginie est **stupéfaite**.

« Mais pourquoi a-t-il… ? »

Elle entend un **bruit**. C'est un « clic ». Kévin **est debout**, derrière elle. Il tient un pistolet.

« Vous êtes beaucoup trop **curieuse** ! »

Virginie est en colère et elle crie :

« Où est Franck ?

– Je ne sais pas. Mais vous allez me le dire ! »

Virginie a peur.

« Vous m'entendez ? Je veux savoir où est Franck Charrier. Et je veux savoir où sont les originaux des photos.

– Vous **avez détruit** le bateau de Franck, n'est-ce pas ? Pourquoi ?

– On m'a **payé** pour cela ! On m'a dit de le tuer. Et on m'a aussi demandé de retrouver les originaux des photos. »

Kévin Flavion **rit**.

« Et vous allez m'aider, Virginie. Oui, vous allez m'aider. »

4 Face-à-face

Bientôt, le bateau arrive au port. Kévin Flavion veut cacher son arme. Il met une veste sur son bras. Puis il ordonne à Virginie :

« Vous descendez la première. »

Virginie a peur. Elle transpire.

« Où... Où va-t-on ? »

Kévin Flavion ne répond pas. Il lui montre une voiture.

« Nous allons nous promener. »

arme *f*	Waffe
ordonner	befehlen
transpirer	schwitzen
se promener *irr*	spazieren gehen
de plus en plus	immer mehr
conduire *irr*	fahren
voiture *f* de location	Mietwagen
démarrer	starten
passer devant qc	an etw. vorbeifahren

Virginie a de plus en plus peur.

« Qu'est-ce que... ? Qu'est-ce que vous allez faire ?

– Moi ? Rien ! Vous, vous allez conduire ! »

C'est une voiture de location. Kévin Flavion l'a louée à l'aéroport. C'est une jeep.

« Prenez la clé.

– Pourquoi... ? Pourquoi est-ce que vous m'emmenez [i] ? »

Kévin Flavion ne répond pas. Ils montent dans la jeep.

« Démarrez !

– Quelle direction ?

– Vous passez devant le bateau de vos amis.
– Devant le bateau d'Avi et de Manuiti ? Mais…
– Faites-le ! »
Kévin Flavion a beaucoup de sang-froid. Virginie pense qu'il peut la tuer. Alors elle obéit. Quand ils passent devant le bateau, Avi et Manuiti sont en train de discuter.
« Tiens, dit Avi, les journalistes repartent ! »
On comprend qu'Avi ne les aime pas beaucoup.
« Pourquoi ne nous disent-ils pas au revoir ? » demande Manuiti.
Avi fait une grimace.
« Ça te dérange ? »
Manuiti lui répond :
« Non, je trouve cela étrange. Normalement, Virginie est très polie. »
Avi n'est pas d'accord.
« Tu la connais à peine.
– C'est une amie de Franck… »
Avi ne répond rien.
« Viens, dit Manuiti, il faut les suivre.
– Mais pourquoi ?

sang-froid *m*	Beherrschung
obéir	gehorchen
tiens	*hier*: sieh mal an
déranger *irr*	stören
étrange	komisch, seltsam
à peine	kaum
il faut *irr*	man muss

Im Französischen gibt es vier Möglichkeiten, die Verben „mitbringen" bzw. „mitnehmen" zu übersetzen:

apporter → ein Objekt mitbringen (wenn man vor Ort ist)
amener → eine Person mitnehmen (wenn man vor Ort ist)
emporter → ein Objekt mitnehmen (wenn man nicht vor Ort ist oder woanders hingeht)
emmener → eine Person mitnehmen (wenn man nicht vor Ort ist bzw. woanders hingeht)

Exercice 10 : Questions. Ergänzen Sie die Fragen, um Virginies Gedanken zusammenzufassen!

où | pourquoi | que | qui

1. ____________ Kévin Flavion veut-il m'emmener avec lui ?

2. ____________ est vraiment Kévin Flavion ?

3. ____________ veut-il m'emmener ?

4. ____________ veut-il de moi ?

Virginie **roule** lentement.
« Plus vite ! » lui **ordonne** Kévin Flavion.

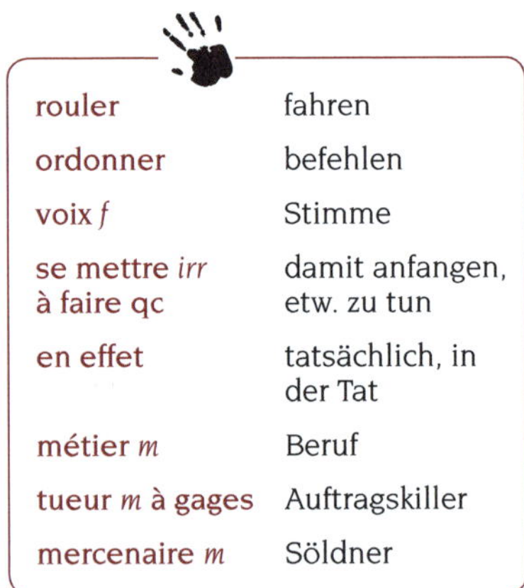

rouler	fahren
ordonner	befehlen
voix *f*	Stimme
se mettre *irr* à faire qc	damit anfangen, etw. zu tun
en effet	tatsächlich, in der Tat
métier *m*	Beruf
tueur *m* à gages	Auftragskiller
mercenaire *m*	Söldner

Mais Virginie ne veut pas. Kévin Flavion prend une grosse **voix** :

« Faites ce que je dis !

– Vous... Vous allez me tuer, n'est-ce pas ? »

Kévin Flavion **se met à** rire.

« Oui, **en effet**. C'est mon **métier** : je suis **tueur à gages**.

– Co... Comment vous appelez-vous ?

– Mon nom est Lionel Lenoir. Je suis un ancien soldat. Aujourd'hui, je suis **mercenaire**.

repenser à qc	noch einmal über etw. nachdenken
remarquer	bemerken
palmier *m*	Palme
Ça y est !	*hier*: Ich hab's!
trembler	zittern
essayer *irr* de	versuchen
faire *irr* taire qn	jmd. zum Schweigen bringen
sursauter	aufschrecken
tourner à gauche	links abbiegen
tout droit	geradeaus

– Pour qui travaillez-vous ?
– L'atoll où votre ami a disparu…
– Hé bien ?
– Vous n'avez rien vu sur les photos ? »

Virginie réfléchit. Elle repense aux photos qu'on lui a données. Non, elle n'a rien remarqué. Sur les photos, il y avait l'océan, la plage, les palmiers et… les oiseaux ! Ça y est ! Virginie a tout compris.

« Vous êtes intelligente, Virginie, trop intelligente. »

Virginie tremble. Mais elle essaie de parler avec le tueur.

« Que s'est-il passé près de l'atoll ? C'était une bombe ? »

Kévin Flavion, alias Lionel Lenoir, fait oui de la tête.

« Votre ami Franck Charrier était trop curieux. Je devais le faire taire. Alors j'ai mis une bombe dans son bateau mais… »

Le tueur sursaute. On entend un bruit de moteur. C'est une autre jeep. Elle est derrière eux. Manuiti conduit. Il y a Avi à côté d'elle. Et un autre homme derrière.

« Plus vite ! » ordonne le tueur.

Virginie se concentre sur la route.

« Tournez à gauche ! »

Virginie tourne à gauche. L'autre jeep a disparu.

« Et maintenant ?
– Tout droit, vers la plage !

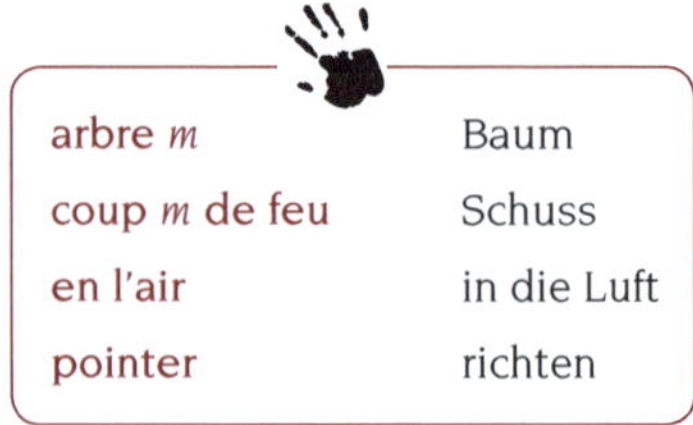

arbre *m*	Baum
coup *m* de feu	Schuss
en l'air	in die Luft
pointer	richten

– Mais que voulez-vous faire ?
– J'ai un travail à finir.
– Les originaux des photos ?
– Oui, et autre chose encore… »

Virginie se gare sur la plage.

Exercice 11 : Expressions. Welche der folgenden Begriffe gehören zusammen? Ordnen Sie zu!

1. ☐ conduire	a) à droite
2. ☐ tourner	b) sur un parking
3. ☐ aller	c) une voiture
4. ☐ se garer	d) tout droit

Le tueur dit à Virginie :
« Descendez ! »
Virginie obéit.
« Où… Où allons-nous ?
– Derrière ces arbres… »
Bientôt, l'autre jeep arrive. Il y a trois personnes dans la jeep : Manuiti, Avi et…
« Franck ! »
Virginie crie. Elle court vers son ami.
« Stop ! Arrêtez-vous ! »
Tout à coup, on entend un coup de feu. Plus personne ne bouge. Le tueur a tiré en l'air. Maintenant, il pointe son arme sur les quatre amis.

« Parfait, dit-il, tout le monde est là. »
Il regarde alors Franck Charrier.
« Tu es **vivant** ? »
Le journaliste lui répond :
« J'étais dans l'eau quand le bateau a explosé. Après, je **me suis caché**. Et mes amis m'ont aidé. »
Franck **tient** Manuiti **par la main**. Et Avi n'est pas content. Virginie le remarque.
« Qu'est-ce que tu vas faire ? »
Franck est maintenant entre ses amis et le tueur.
« Tu vas tous nous tuer ? »
Le tueur sourit. Franck explique alors :
« C'est trop tard : la gendarmerie a les photos[i]. Et les **associations de protection de la nature** aussi. C'est une **preuve**. L'atoll est **sauvé**. Il n'y aura pas de complexe immobilier ultramoderne. Ton **patron a perdu**.
– Mon patron ?
– Gérard Baron, le **maire** de...
– **Tais-toi** ! C'est fini : vous allez mourir ! »
Le tueur pointe son pistolet sur les quatre amis... Mais, tout à coup, on entend du bruit. C'est un...

vivant	am Leben
se cacher	sich verstecken
tenir *irr* **qn par la main**	jds Hand halten
association *f* **de protection de la nature**	Naturschutzverein
preuve *f*	Beweis
sauvé	gerettet
patron *m*	Chef
perdre	verlieren
maire *m*	Bürgermeister
Tais-toi !	Schweig!

Im Französischen verwendet man sehr oft Abkürzungen. So sagt man nicht „la photographie“ sondern „la photo“ oder auch „le cinéma“ statt „le cinématographe“. Aus „le cinéma“ wurde inzwischen „le ciné“.

Exercice 12 : Mots coupés. **Bilden Sie die gesuchten Begriffe und finden Sie heraus, was plötzlich über Avi, Manuiti, Virginie, Franck und Lionel auftaucht!**

teau | tère | pal | ba | hé | pla | li | mier

seaux | ge | cop | oi

1. Au bord de l'océan, c'est la __________.

2. Avi et Manuiti ont un __________.

3. Sur l'atoll, il y a des __________.

4. C'est un arbre des pays chauds : le __________.

Lösung: C'est un _ _ _ _ _ _ _ _ _ _ _ _.

L'appareil fait beaucoup de bruit. Le tueur doit protéger ses oreilles. Aussitôt, Avi et Franck en profitent. Ils le maîtrisent. Et ils prennent son arme. Bientôt, deux gendarmes lui mettent des menottes. Puis le capitaine Lebrecq arrive.

« Tout le monde va bien ?

– Le maire Gérard Baron a été arrêté. C'est fini.

– Franck ! »

Virginie est en colère. Elle ne comprend pas pourquoi son ami a fait ça : il ne lui a rien dit ! Mais… Manuiti et Franck se tiennent par la main. Virginie sourit. Elle dit :

« Je pense que tu vas rester ici, n'est-ce pas ?

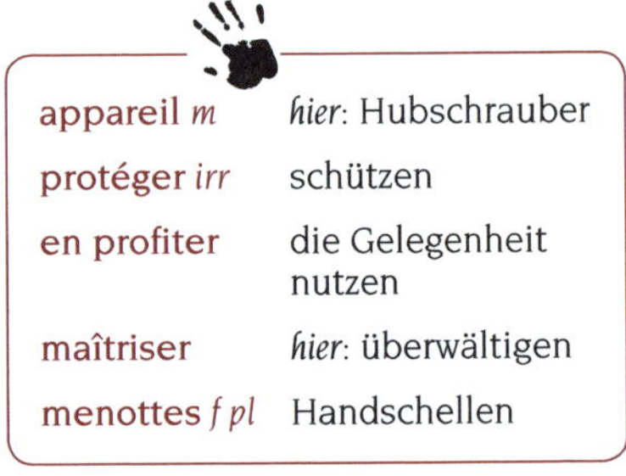

appareil *m*	*hier*: Hubschrauber
protéger *irr*	schützen
en profiter	die Gelegenheit nutzen
maîtriser	*hier*: überwältigen
menottes *f pl*	Handschellen

– Oui. » dit Franck.

Avi fait une grimace.

« Et toi ? demande Franck.

– Je vais rester quelques semaines.

– Le rédacteur en chef va être d'accord ?

– Oui, bien sûr : un atoll, une bombe, un tueur… C'est un excellent article : je pense que je vais l'appeler « Disparition en Polynésie ». Mais tu dois tout me raconter. »

Exercice 13 : Le passé composé. Ergänzen Sie den folgenden Textabschnitt und vervollständigen Sie dabei Francks Erklärungen!

Franck explique :

« Quand mon bateau **1.** exploser ____________, je **2.** se cacher ____________. Et je **3.** comprendre ____________ que quelqu'un, au journal, travaillait pour Gérard Baron. Il voulait construire un complexe immobilier ultramoderne. Mais il y avait des oiseaux protégés : j'avais la preuve et il voulait me tuer. Je **4.** dire ____________ à un ami de te donner les photos. Mais je ne pouvais pas me montrer car tu étais avec Kévin Flavion. Je me suis caché ici, sur le port. J' **5.** préparer ____________ les preuves et je les ai données à la gendarmerie. Aujourd'hui. Et je **6.** venir ____________ t'aider. Tu n'avais pas besoin de t'inquiéter... »

Virginie sourit. Elle dit :

« Les amis ont un rôle : ils s'inquiètent tout le temps ! »

Test final

Exercice 1 : L'ordre chronologique. Ordnen Sie die folgenden Sätze aus « L'Île de la mort » chronologisch!

a. Axel Régnat est accusé du meurtre de Clara.
b. Un homme trouve une jeune fille morte dans un parc.
c. Les enquêteurs pensent que Clara s'est suicidée.
d. Simon Régnat est arrêté pour meurtre.
e. Valérie remarque un problème dans le rapport d'enquête.

1	2	3	4	5

Exercice 2 : Le passé composé. Setzen Sie die vier folgenden Verbformen aus « Vacances sur l'Île de Beauté » ins Passé composé!

1. Elsa prend l'avion. — Elsa *a pris* l'avion.

2. Elsa va au spa. — ____________________

3. Un homme menace Elsa. — ____________________

4. Cet homme tue Jacques Mattei. — ____________________

5. Elsa est victime d'un piège. — ____________________

Exercice 3 : Les verbes. **Ergänzen Sie den folgenden Textabschnitt mit der Verbform in Klammern im Präsens konjugiert!**

Le vrai nom de Kévin Flavion **1.** être *est* Lionel Lenoir. C'est un tueur à gages. Il **2.** avoir ________ les cheveux blonds et de petits yeux noirs. Il. **3.** porte ________ un short, un polo et des baskets. Il **4.** vouloir ________ retrouver Franck. Il **5.** croire ________ que Franck est vivant. Il **6.** savoir ________ que Franck a des photos des oiseaux.

Exercice 4 : La négation. **Bilden Sie den jeweils entsprechenden verneinten Satz!**

1. Elsa est mariée.

Elsa *n'est pas mariée*.

2. Elsa est déjà allée en Corse.

____

3. Quelqu'un a vu l'homme.

____

4. Elsa connait cet homme.

____

5. Elsa a fait quelque chose.

____

Solutions

L'Île de la mort

Exercice 1 : **1.** dans **2.** sous **3.** derrière **4.** entre

Exercice 2 : **1.** vrai **2.** faux (Ils ne trouvent pas la carte d'identité de la victime.) **3.** faux (La victime est morte depuis environ douze heures.) **4.** faux (Les inspecteurs disent que la victime s'est peut-être suicidée.) **5.** vrai

Exercice 3 : **1.** au **2.** à l' **3.** du **4.** des

Exercice 4 : **1.** mère **2.** père **3.** sœur **4.** frère **5.** nièce **6.** neveu **7.** oncle **8.** tante
FRÈRE, PÈRE, MÈRE, TANTE, NIÈCE, SŒUR, NEVEU, ONCLE

Exercice 5 : **1.** Un test ADN prend du temps. **2.** Axel ne savait pas qu'Angélique était enceinte. **3.** Axel Régnat est le père biologique de Clara.
4. Simon ne sait pas comment Axel a appris qu'il est le père de Clara.

Exercice 6 : **1.** ses **2.** ses **3.** sa **4.** mes

Exercice 7 : **1.** e **2.** c **3.** d **4.** a **5.** b

Exercice 8 : **1.** que **2.** doit **3.** on **4.** faire **5.** maintenant

Exercice 9 : **1.** voyons **2.** habitent **3.** passes **4.** est

Exercice 10 : **1.** la chose **2.** le vin **3.** la bouteille **4.** le laboratoire **5.** l'échantillon (m) **6.** la marque
Lösung: Ils cherchent une preuve !

Exercice 11 : 1–5 : Clara ; 5–8 : Axel ; 8–18 : laboratoire ; 18–24 : experts ; 24–30 : souvent ; 30–34 : tapis ; 34–36 : sûr

Vacances sur l'Île de Beauté

Exercice 1 : **1.** réfléchit **2.** sait **3.** aime **4.** passe

Exercice 2 : **1.** son **2.** sa **3.** ses **4.** son

Exercice 3 : **1.** b **2.** a **3.** a **4.** b

Exercice 4 : **1.** Caroline **2.** douche **3.** valise **4.** hôtel **5.** riche **6.** détendue **7.** eau
Lösung: ouverte

Exercice 5 : **1.** le premier étage **2.** le cinquième étage **3.** le neuvième étage **4.** le vingt et unième étage

Exercice 6 : **1.** réfléchit **2.** peut **3.** sait **4.** dirige **5.** veulent

Exercice 7 : Vêtements pour homme : la chemise, le caleçon, le costume
Vêtements pour femme : le tailleur, le chemisier, les chaussures à talon

Exercice 8 : **1.** Elsa ne voit personne. **2.** Elle n'entend rien. **3.** Il n'y a toujours pas de réponse. **4.** Elle ne veut plus attendre.

Exercice 9 : **1.** était **2.** m'attendait **3.** avait **4.** voulait

Exercice 10 : **1.** vrai **2.** faux (Elsa n'a pas tué Jacques Mattei.) **3.** faux (Elsa a pris le pistolet dans l'attaché-case.) **4.** vrai

Exercice 11 : **1.** à **2.** en **3.** de **4.** pour

Exercice 12 : **1.** Je crois **2.** Il s'appelle **3.** Il est **4.** Il y a

Exercice 13 : **1.** Quel téléphone portable a Elsa ? **2.** Quelle proposition fait l'autre policier ? **3.** Quels bonbons mange le commandant Lafitte ?
4. Quelles chaussures porte Caroline ?

Exercice 14 : **1.** client **2.** complice **3.** magazine **4.** magasin

Disparition en Polynésie

Exercice 1 : **1.** faux (Virginie a un look alternatif.) **2.** vrai **3.** faux (Le vol de Virginie a duré vingt-deux heures et trente-cinq minutes.) **4.** vrai

Exercice 2 : **1.** je mangerai **2.** tu parleras **3.** elle ira **4.** ils penseront

Exercice 3 : **1.** c **2.** e **3.** a **4.** b **5.** d

Exercice 4 : **1.** CROIS **2.** OISEAU **3.** USB **4.** PRIE **5.** LES **6.** ETE
Lösung: COUPLE

Exercice 5 : **1.** rougir **2.** avion **3.** voyage **4.** Hawaï

Exercice 6 : **1.** quitte **2.** est **3.** parle **4.** prend

Exercice 7 : **1.** b **2.** d **3.** a **4.** c

Exercice 8 : **1.** portable **2.** souris **3.** surfer **4.** Internet **5.** sites **6.** télécharge

Exercice 9 : **1.** sur **2.** à côté de **3.** devant/derrière **4.** sur/sous

Exercice 10 : **1.** Pourquoi **2.** Qui **3.** Où **4.** Que

Exercice 11 : **1.** c **2.** a **3.** d **4.** b

Exercice 12 : **1.** plage **2.** bateau **3.** oiseaux **4.** palmier
Lösung: hélicoptère

Exercice 13 : **1.** a explosé **2.** me suis caché **3.** ai compris **4.** ai dit **5.** ai préparé **6.** suis venu

Test final

Exercice 1 : **1.** b **2.** c **3.** a **4.** e **5.** d

Exercice 2 : **1.** Elsa a pris l'avion. **2.** Elsa est allée au spa. **3.** Un homme a menacé Elsa. **4.** Cet homme a tué Jacques Mattei. **5.** Elsa a été victime d'un piège.

Exercice 3 : **1.** est **2.** a **3.** porte **4.** veut **5.** croit **6.** sait

Exercice 4 : **1.** Elsa n'est pas mariée. **2.** Elsa n'est jamais allée en Corse. **3.** Personne n'a vu l'homme. **4.** Elsa ne connaît pas cet homme. **5.** Elsa n'a rien fait.

Glossaire

abandonner	*hier*: im Stich lassen
à bord de	an Bord
absolument	unbedingt
absent	abwesend
accompagner	begleiten
accrocher	aufhängen
accueil *m*	Empfang
accuser	beschuldigen
à destination de	nach
adjoint *m*	Stellvertreter
admirer	bewundern
ADN *m*	DNA
aéroport *m*	Flughafen
affaires *f pl*	*hier*: Geschäfte
aider	helfen
ailleurs	anderswo
alibi *m*	Alibi
à l'avant de	am vorderen Teil
à l'intérieur	innen
allumer	anschalten
à nouveau	noch einmal, erneut
à peine	kaum
apparaître *irr*	erscheinen
appareil *m*	Foto-Apparat; Hubschrauber; Maschine
appartenir *irr* à	zu jmd./etw. gehören
s'approcher de	sich jmd./etw. nähern
à propos de	über
arbre *m*	Baum
archipel *m*	Archipel
arme *f*	Waffe
arrêter de faire qc	aufhören, etw. zu tun
arrêter	festnehmen; unterbrechen
ascenseur *m*	Aufzug, Fahrstuhl
à son nom	unter seinem/ihrem Namen
assassinat *m*	Ermordung
assassiner	ermorden
s'asseoir *irr*	sich hinsetzen

assez	*hier*: ziemlich
association *f* de protection de la nature	Naturschutzverein
attaché-case *m*	Aktenkoffer
attendre *irr*	warten
attentif, attentivement	aufmerksam
atterrissage *m*	Landung
au bord *m* de	*hier*: am
au bout de	am Ende von
aucun	kein
autant de	so viel
autochtone *m*	Eingeborener
avaler	schlucken
avare	geizig
avec préméditation *f*	vorsätzlich
avocat *m*	Anwalt
avoir *irr* besoin de qc	etw. brauchen
avoir *irr* des projets	Pläne haben
avoir *irr* envie	Lust haben
avoir *irr* eu	*hier*: bekommen haben
avoir *irr* l'air	aussehen, wirken
avoir *irr* l'impression	den Eindruck haben
avoir *irr* l'habitude de faire qc	gewohnt sein, etw. zu tun
avoir *irr* le droit	das Recht haben
avoir *irr* le sens de l'observation	einen guten Beobachtungssinn haben
avoir *irr* mal à la tête	Kopfschmerzen haben
avoir *irr* un accident	einen Unfall haben
badge *m*	Plakette; Abzeichen
bagage *m* à main	Handgepäck
baie *f* vitrée	großes Glasfenster
banlieue *f*	Vorstadt
baskets *f pl*	Sportschuhe
bassin *m* d'eau chaude	Warmwasserbad
bâtiment *m*	Gebäude
batterie *f*	*hier*: Akku
bavard	gesprächig
bien sûr	natürlich
bien	*hier*: tatsächlich
billet *m* d'avion	Flugticket
biper	einen Piepton machen
bizarrement	komisch
blessure *f*	Verletzung
boîte *f* en fer	Metalldose
bon séjour	schönen Aufenthalt
bouc *m*	*hier*: Spitzbart
bouger *irr*	sich bewegen
braquer	richten
briller	glänzen
brochure *f*	Broschüre

bruit *m*	Lärm
brun	braun
Ça y est !	*hier*: Ich hab's!
cacher	verstecken
se cacher	sich verstecken
calculer	rechnen
calmant *m*	Beruhigungsmittel
se calmer	sich beruhigen
carrière *f*	*hier*: Berufskarriere
carte *f* d'identité	Personalausweis
carte *f* mémoire	Speicherkarte
caserne *f*	Kaserne
cause *f* de la mort	Todesursache
cause *f* naturelle	natürliche Ursache
cellule *f*	Zelle
changer *irr*	ändern; wechseln
charger *irr*	*hier*: laden
chasse *f* au trésor	Schatzsuche
chat *m*	Katze, Kater
châtain	kastanienbraun
chaussure *f*	Schuh
chaussures *f pl* à talons	Schuhe mit Absätzen
chauve	glatzköpfig, kahl
chemise *f*	Hemd
chemisier *m*	Bluse
choisir *irr*	wählen
clair	hell
clé *f* USB	USB-Stick
clé *f*	Schlüssel
commander	bestellen
commissariat *m*	Kommissariat, (Polizei-)Revier
compagnie *f* aérienne	Fluggesellschaft
compléter *irr*	ergänzen
complicité *f* de meurtre	Beihilfe zum Mord
compte *m*	*hier*: Bankkonto
compter	zählen
concurrent *m*	Konkurrent, Rivale
conduire *irr*	fahren
conduire *irr* à	*hier*: führen zu
confirmation *f*	*hier*: Firmung
conseiller *m*	Berater
continuer de faire qc	weiter etw. tun
continuer	fortführen, weitermachen
contrat *m*	Vertrag
contre	gegen
convaincre *irr* qn	jmd. überzeugen
correspondance *f*	*hier*: Anschluss
costume *m*	Anzug
coucou	huhu

couloir *m*	Gang, Korridor
coup *m* de feu	Schuss
coup *m* monté	abgekartetes Spiel
coupable *m*	Schuldiger
couple *m*	Paar
courir *irr*	laufen, rennen
course *f*	*hier*: Fahrt
court	kurz
crier *irr*	schreien
crime *m*	Verbrechen
croiser	kreuzen
curieux	neugierig
de plus en plus	immer mehr
de temps en temps	ab und zu
débris *m pl*	Trümmer
décoller	*hier*: abfliegen, starten
découvrir *irr*	entdecken
décrire *irr*	beschreiben
décrocher	ans Telefon gehen
déçu	enttäuscht
défendre *irr*	verteidigen; schützen
degré *m*	Grad
se déguiser	sich verkleiden
démarrer	losfahren, starten
départ *m*	Abfahrt; Abflug
se dépêcher	sich beeilen
déplacer	bewegen
déposer	absetzen; hinstellen
depuis	seit
déranger *irr*	stören
derrière	hinter
désespéré	verzweifelt
se déshabiller	sich ausziehen
désirer	*hier*: wünschen
dessinateur *m*	Zeichner
détendu	entspannt
détention *f* provisoire	Untersuchungshaft
détournement *m* de fonds	Veruntreuung von Geldern
détruire *irr*	zerstören
devant	vor
discuter	diskutieren; verhandeln
disparaître *irr*	verschwinden
donner sur qc	*hier*: mit Blick auf etw. sein
dormir *irr*	schlafen
douleur *f*	Schmerz
doute *f*	Zweifel
du tout	überhaupt nicht
échantillon *m*	Probe
s'échouer	untergehen

s'écrier	rufen
écriture *f*	Schrift
embarquement *m*	Boarding
embarrassé	verlegen
embrasser	*hier*: küssen
emmener *irr*	mitnehmen
employé *m*	Angestellter, Arbeitnehmer
employeur *m*	Arbeitgeber
empreinte *f* de pas	Fußabdruck
empreinte *f* digitale	Fingerabdruck
empreinte *f*	*hier*: Fingerabdruck
enceinte	schwanger
endroit *m*	Ort, Stelle
en effet	tatsächlich, in der Tat
en face	gegenüber
enfin	*hier*: eigentlich
en l'air	in die Luft
en profiter	die Gelegenheit nutzen
en route *f* pour	auf nach …
enlever *irr*	abnehmen
ennemi *m*	Feind
enquête *f*	Ermittlung
enquêter	ermitteln
enregistrer	speichern
ensemble	zusammen
entendre *irr*	hören
entièrement	ganz
enveloppe *f*	Umschlag
environ	ungefähr
envoyer *irr*	schicken
épaule *f*	Schulter
erreur *f*	Fehler
esplanade *f*	Esplanade
essayer *irr*	versuchen
estomac *m*	Magen
établissement *m* thermal	Kurzentrum
étage *m*	Stockwerk
étaler	ausbreiten
États-Unis *m pl*	Vereinigte Staaten
éteindre *irr*	ausschalten
étoile *f*	Stern
étrange	komisch, seltsam
être *irr* de l'avis de qn	jds. Meinung sein/teilen
être *irr* debout	stehen
être *irr* désolé	untröstlich sein, Mitleid haben
être *irr* dur en affaires	ein harter Geschäftsmann sein
être *irr* en train de faire qc	dabei sein, etw. zu tun
être *irr* lié	verbunden sein; im Zusammenhang stehen
être *irr* porté disparu	als vermisst gemeldet sein

être *irr* retenu	*hier*: verwendet werden
être *irr* situé	sich befinden
être *irr* très en colère	sehr wütend sein
évident	offensichtlich
excité	aufgeregt
expliquer	erklären
fâché	böse, sauer
faire *irr* confiance à qn	auf jdn. zählen, jmd. vertrauen
faire *irr* de la voile	segeln
faire *irr* la queue	anstehen
faire *irr* non de la tête	den Kopf schütteln
faire *irr* semblant de	so tun, als ob
faire *irr* ses bagages	seine Koffer packen
faire *irr* ses valises	die/seine Koffer packen
faire *irr* taire qn	jmd. zum Schweigen bringen
faire *irr* un signe	ein Zeichen geben
faire *irr* un signe	ein Zeichen geben
faune *f*	Fauna
fauteuil *m*	Sessel
fermer à clé	zuschließen
fermer	abschließen; zumachen
fibre *f*	Faser
fichier *m*	Datei
fier/fière	stolz
formulaire *m*	Formular
fou/folle	verrückt
fouiller	durchsuchen, durchwühlen
foule *f*	Menschenmenge
frapper	*hier*: klopfen
gant *m* en caoutchouc	Gummihandschuh
garde à vue	Polizeigewahrsam
garder le silence	schweigen
se garer	parken
gendarmerie *f*	Polizei (Einheit der Armee)
groom *m*	(Hotel-)Page, Boy
grotte *f* artificielle	künstliche Höhle
groupe *m*	Konzern
guéridon *m*	kleiner runder Tisch (mit einem Bein)
guichet *m*	Schalter
hall *m*	Eingangshalle
ϟ Hein ?	Was?
hésiter	zögern
hocher la tête	nicken
honnête	ehrlich
hors de question	ausgeschlossen; Kommt nicht in Frage!
hôtesse *f* d'accueil	Empfangsdame
humeur *f*	Laune
hypothèse *f*	Hypothese
il faut *irr*	man muss

îlot *m*	kleine Insel
imagination *f*	Fantasie
ϟ imbécile *m*	Dummkopf, Idiot
immense	riesig
impressionné	beeindruckt
inconnu *m*	Unbekannter
indice *m*	Indiz
innocent	unschuldig
inquiet	besorgt
inquiet	besorgt
insigne *m*	Polizeimarke
s'installer à	*hier*: Platz nehmen
interrogatoire *m*	Befragung
interroger *irr*	befragen
intuition *f*	Intuition
jeter *irr*	wegwerfen
joindre *irr*	*hier*: telefonisch erreichen
joue *f*	Wange
journal *m* intime	Tagebuch
jurer	schwören
jury *m*	Jury
justement	gerade
lagon *m*	Lagune
laine *f*	Wolle
laisser	*hier*: sich verabschieden
larme *f*	Träne
le lendemain *m*	am nächsten Tag
le sien	sein
lever *irr*	heben
se lever *irr*	aufstehen
lire *irr*	lesen
louer	*hier*: mieten
lunettes *f pl* de soleil	Sonnenbrille
magazine *m*	Zeitschrift
magnifique	wunderschön
maigre	mager
maire *m*	Bürgermeister
maîtriser	*hier*: überwältigen
maladresse *f*	Ungeschicklichkeit
manteau *m*	Mantel
marron	braun
masculin *f*	männlich
méchamment	böse
médecin *m* légiste	Gerichtsmediziner
menacer *irr*	bedrohen
mener *irr*	führen
menotter qn	jmd. Handschellen anlegen
menottes *f pl*	Handschellen
mentir *irr*	lügen

mer *f*	Meer
mercenaire *m*	Söldner
métier *m*	Beruf
se mettre *irr* à faire qc	damit anfangen, etw. zu tun
se mettre *irr* en colère	wütend werden
mince	schlank
montrer	zeigen
moquette *f*	Teppichboden
morceau *m*	Stück
mort	tot
mot *m*	*hier*: Nachricht
mouchoir *m*	Taschentuch
murmurer	flüstern
N'importe quoi !	*hier*: Unsinn!
nager	schwimmen
naufrage *m*	Schiffbruch
négociation *f*	Verhandlung
négocier *irr*	verhandeln
neuf/neuve	neu
nièce *f*	Nichte
non plus	auch nicht
noter	*hier*: aufschreiben
nouvelle *f*	Nachricht
ϟ nul	unfähig
obéir	gehorchen
obliger *irr*	zwingen
s'occuper de	sich kümmern um
oiseau *m*	Vogel
ordinateur *m*	Computer
ordonner	*hier*: befehlen
palmier *m*	Palme
par	*hier*: bei
partenariat *m*	*hier*: Abkommen; Vertrag
pas *m*	Schritt
passager *m*	Passagier
passer devant qc	an etw. vorbeifahren
passer qc	etw. passieren
passer un coup de fil	einen Anruf tätigen
patrimoine *m*	*hier*: Naturerbe
patron *m*	Chef; Kneipen-Inhaber
patronne *f*	Chefin
payer *irr*	bezahlen
paysage *m*	Landschaft
peignoir *m*	Bademantel
perdre *irr* patience	die Geduld verlieren
perdre	verlieren
permis *m*	*hier*: Fahrerlaubnis
peser *irr*	wiegen
peu importe	was auch immer

pharmacien *m*	Apotheker
pièce *f*	Zimmer
piège *m*	Falle
pirater	hacken
piscine *f*	Schwimmbad
plage *f*	Strand
pleurer	weinen
plusieurs	mehrere
poche *f*	Tasche
pochette *f*	*hier*: Mappe
poids *m*	Gewicht
pointer	richten
pointure *f*	Schuhgröße
poitrine *f*	Brust
poli	höflich
polo *m*	Polo-Shirt
pont *m*	*hier*: Deck
port *m*	Hafen
portable *m*	*hier*: Laptop
porte *f* d'embarquement	Gate
porter	tragen
portrait-robot *m*	Phantombild
poser des questions	Fragen stellen
poser	*hier*: legen
possibilité *f*	Möglichkeit
poubelle *f*	Mülleimer
pour affaire	geschäftlich
pousser un cri	einen Schrei von sich geben
poussière *f*	Staub
pratiquer	praktizieren, ausüben
préciser	genauer erläutern
préférer *irr*	bevorzugen, lieber mögen
Président Directeur Général (PDG) m	Vorstandsvorsitzender
presque	fast
pression *f*	Druck
prestigieux	angesehen
preuve *f*	Beweis
prévenir *irr*	*hier*: Bescheid geben
prime *f*	Prämie
prison *f*	Gefängnis
procès *m*	Prozess
proche	nah
se promener *irr*	spazieren gehen
propre	*hier*: eigene
protéger *irr*	schützen
prouver	beweisen
quartier *m*	Viertel
raccrocher	auflegen

raconter	erzählen
ranger *irr*	wegräumen
rapport *m*	Bericht
réagir *irr*	reagieren
rechercher	suchen
recherches *f pl*	*hier*: Suchaktion
récif *m*	Riff
refermer	wieder schließen; wieder zumachen
réfléchir	überlegen
refuser	sich weigern
se relever *irr*	aufstehen
remarquer	bemerken
rentrée *f*	*hier*: Vorlesungsbeginn
renvoyer *irr*	*hier*: entlassen
repenser à qc	noch einmal über etw. nachdenken
répéter *irr*	wiederholen
reportage *irr* animalier	Tierreportage
respirer	atmen
responsable *m*	Verantwortlicher
ressembler à qn	jmd. ähnlich sehen
rester debout	stehen bleiben
rester	bleiben
résultat *m*	Ergebnis
retirer	*hier*: abheben
retourner	zurückgehen; zurückkehren
se retourner	sich umdrehen
réunion *f*	Meeting
se réveiller	aufwachen
revenir *irr*	zurückkommen
se rhabiller	sich wieder anziehen
rire *irr*	lachen
robe *f*	Kleid
rougir	erröten
rouler	fahren
sac *m* à main	Handtasche
sang *m*	Blut
sang-froid *m*	Beherrschung
sans doute	wahrscheinlich
sans	ohne
sauvé	gerettet
savoir *irr* pour qc	über etw. Bescheid wissen
secteur *m*	Bereich
sentiment *m*	Gefühl
se sentir *irr*	sich fühlen
se séparer	sich trennen
serrer la main de qn	jmd. die Hand geben
seulement	*hier*: erst
short *m*	kurze Hose
si	so

siège *m*	Sitz
signature *f*	Unterschrift
signer	unterschreiben, unterzeichnen
signes *m pl* de lutte	Kampfspuren
silhouette *f*	*hier*: Gestalt
soit… soit…	entweder… oder…
sonnerie *f*	Klingelton
soupirer	seufzen
sourire *irr*	lächeln
sous	unter
sous le choc	unter Schock
stupéfait	fassungslos
suffire *irr*	ausreichen
suffisant	ausreichend
suicide *m*	Selbstmord
se suicider	sich umbringen
suisse	schweizerisch
suivre *irr*	folgen
superbe	wunderschön
sûr et certain	absolut sicher
sur la gauche	auf der linken Seite
sur le dos	auf dem Rücken
sur	auf
sûr	sicher
surpris	überrascht
surprise *f*	Überraschung
sursauter	aufschrecken
surveiller	bewachen
suspect *f*	Verdächtiger
tablette *f*	*hier*: Tablet-PC
tache *f*	Fleck
tailleur *m*	Damenkostüm
Taisez-vous !	Schweigen Sie!
Tais-toi !	Schweig!
tapis *m* roulant	Förderband
tapis *m*	Teppich
témoignage *m*	Zeugenaussage
tendre *irr* la main à qn	jmd. die Hand geben
tendre *irr*	*hier*: reichen
tenez	*hier*: hier
tenir *irr* qn par la main	jds Hand halten
terre *f*	Erde
terrifié	angsterfüllt
têtu	stur
tiens	*hier*: sieh mal an
ton *m*	Ton
toujours	*hier*: immer noch
tour *f*	Turm
tourner à gauche	links abbiegen

tourner la tête	den Kopf drehen
tout à coup	plötzlich
tout à l'heure	vorher
tout autour	ringsherum
tout de suite	sofort
tout droit	geradeaus
tout en haut de	ganz oben
trace *f*	Spur
trajet *m*	Fahrt
transférer *irr*	übertragen, transferieren
transpirer	schwitzen
trembler	zittern
trop loin	zu weit
trou *m*	Loch
trouver *f*	finden
tuer	töten
tueur *m* à gages	Auftragskiller
un instant	einen Augenblick
urgent	dringend
usé	abgenutzt, gebraucht
utiliser	benutzen
veiller sur qn	*hier*: jmd. unter seine Obhut nehmen
venir *irr* de faire qc	etw. gerade gemacht haben
ventre *m*	Bauch
vérifier *irr*	überprüfen, checken
vérité *f*	Wahrheit
verre *m*	Glas
veste *f*	Jacke
victime *f*	Opfer
vide	leer
vigneron *m*	Winzer
violence *f*	Gewalt
virer	überweisen
vivant	am Leben
vive…	es lebe…
voiture *f* de location	Mietwagen
voix *f*	Stimme
volontairement	freiwillig
voyage *m* d'affaires	Geschäftsreise

Liste des exercices

Spannend Sprachen lernen

Speziell für Schüler*innen

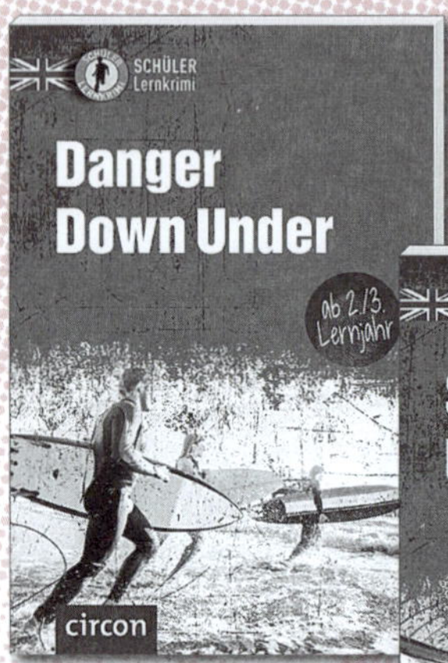

ISBN 978-3-8174-4259-1

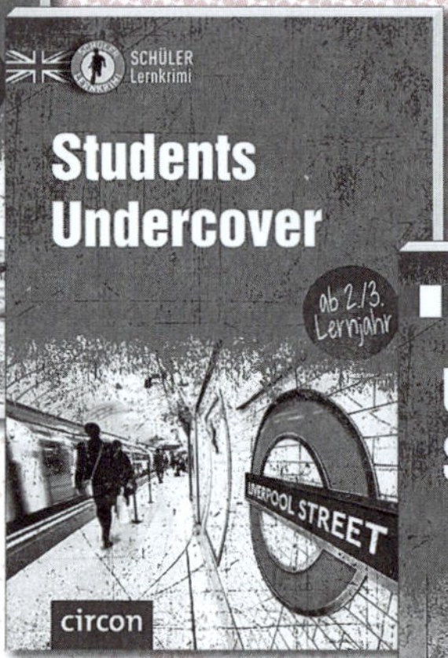

ISBN 978-3-8174-4258-4

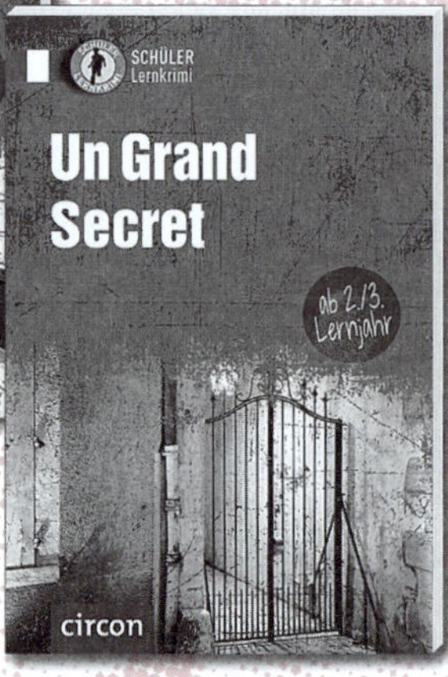

ISBN 978-3-8174-4260-7

Schüler-Lernkrimis

- ab dem 2./3. Lernjahr
- spannende Geschichten, jugendnahe Themen
- mit vielen farbigen Illustrationen
- über 25 textbezogene Übungen in jedem Buch
- Infokästen zu Land und Sprache
- Online-Vokabeltraining mit phase6

www.circonverlag.de